◇ 大医传承实录丛书 ◇

纪念中医大家

◆ 主编 郭达成 韩晓红

◆ 主审 单宝枝

◆ 顾问 俞梦孙 蒋晔

全国百佳图书出版单位

中国中医药出版社

·北京·

图书在版编目（CIP）数据

纪念中医大家郭生白 / 郭达成，韩晓红主编 .

北京：中国中医药出版社，2025. 4. --（大医传承实录丛书）.

ISBN 978-7-5132-9435-5

Ⅰ . K826.2

中国国家版本馆 CIP 数据核字第 202579YF07 号

中国中医药出版社出版

北京经济技术开发区科创十三街 31 号院二区 8 号楼

邮政编码　100176

传真　010-64405721

河北品睿印刷有限公司印刷

各地新华书店经销

开本 787×1092　1/16　印张 13.25　字数 252 千字

2025 年 4 月第 1 版　2025 年 4 月第 1 次印刷

书号　ISBN 978－7－5132－9435－5

定价　109.00 元

网址　www.cptcm.com

服务热线　010-64405510

购书热线　010-89535836

维权打假　010-64405753

微信服务号　zgzyycbs

微商城网址　https://kdt.im/LIdUGr

官方微博　http://e.weibo.com/cptcm

天猫旗舰店网址　https://zgzyycbs.tmall.com

如有印装质量问题请与本社出版部联系（010-64405510）

中医复興之後，人人都知醫，蒼生無枉死；有病自家治，大病可商量。中醫发展的高度成熟是天下無醫，生民无病。消滅自己是中医至高理想。

辛卯孟夏

郭生白書

《纪念中医大家郭生白》编委会

跟随爷爷的脚步认识生命

一、在爷爷身边的学医之路

我是非常幸运的，从小就跟在爷爷身边。自记事开始，我就记得爷爷喂我苦药水的情景：全身被小棉被紧紧裹住，想闭着嘴顽强抗拒苦药水进入嘴巴，但仍然被捏住鼻子灌下去，感觉痛苦难耐又无可奈何……

印象中无论是感冒发烧还是拉肚子，都很容易被解决，很快就好了。所以，长大以后看到很多人从小打针输液，我觉得不可思议，再回想起自己喝苦药水的经历，就觉得相当幸运了。

在我三四岁时，爷爷就带着我四处出诊，从那时起我就知道了爷爷在治病救人。到了学龄期就一直是爷爷在哪里行医教学，我就在哪里读书，特别是奶奶过世以后，我更是和爷爷相互照应，因此接触到很多案例。

无论是肝硬化腹水患者、瘦骨嶙峋卧床不起的老人、积食发烧昏厥的幼儿，还是患有严重妇科病症极度虚弱的妇女，甚至得了严重伤寒病的我的母亲，我们整个家族任何人得病，到了爷爷那里，全部药到病除，我也几乎见证了他们恢复健康的全过程。

儿时的经历和见识让我感觉爷爷无所不能，甚至可以“起死回生”，这让我和医学结下了不解之缘，小小的心灵埋下了热爱医学的种子，立志长大也要像爷爷一样治病救人，做一位“顶级”医学家。

我上初中时，爷爷在饶阳县卫生进修学校一边教学讲解《伤寒六经求真》(《伤寒六经求真》于1980年完稿，当时经济能力有限，所以讲解的《伤寒六经求真》都是油印版)，一边在学校门诊出诊。我每天放学回到家里，第一件事就是细看细学爷爷所开的处方笺，上面一般写“少阳病证悉具”再加上几个典型的个人症状，要么就是少阳、三焦气机失调，然后加上这个人的典型症状、脉象和舌苔描述。我边看边思考应该用什么样的方子，然后将我想出的方子和爷爷的方子对照，几乎一致。当时爷爷已没有了汤头的限制，只是遇到什么问题就用什么方法来解决。同时，我也看到了糖尿病、心脏病、乙型病毒性肝炎（简称乙肝）、肝硬化腹水、心脑血管病甚至白血病同样可以治愈。那些每天跟随着爷爷学习和实践的日子让我感到无比自豪和快乐，同时也成为我一生中最重要的回忆。

记得 1989 年在校期间我染上了伤寒病，由于是在饶阳县医院检测出来的肠伤寒阳性，当时学校的校长也是卫生局的局长，他建议住院治疗，爷爷断然拒绝了。爷爷说：只要能够保证大便畅通和全身微汗，这个伤寒病就自然能好，也不会危及生命。当时爷爷选择在“三仁汤”的基础上加柴胡，那个三仁汤真的是五味杂陈，有一种令人难以接受的味道，但也得喝。本来这个肠伤寒是稽留热，它的发热是有规律的，一般要经历两周体温逐渐上升的阶段，上升到顶点之后，持续两周时间再下降到正常体温，前后需要一个月的时间，而我只经历两周就彻底康复。我这一次患肠伤寒，在爷爷的悉心照顾下，由于全身微汗，保持大便畅通，病程时间明显缩短，一周的时间体温逐渐上升，再经过一周的时间体温逐渐下降到正常，而且没有胃肠道不适等所谓的后遗症。

俗话说，久病成医。当经历了生病的过程，经历了自己用药的过程，并用心地去体悟学习和思考，我也就能慢慢读懂身体了。我自己生病的经历和自幼目睹爷爷出诊的大量案例，为日后系统思维的形成奠定了基础。

当我上高中时，爷爷也从饶阳县回到武强县开了自己的中医诊所。高中三年，我还是和爷爷同吃同住，依旧每天接受爷爷的言传身教。高中毕业后，我走进了石家庄华医医学专修学校（现石家庄人民医学高等专科学校），记得第一个学期末回到家时异常兴奋，因为在中西医课本上接触了林林总总的病名。带着疑问和好奇回到家，我问爷爷：大多数慢性病多长时间能治愈？爷爷给我做了回答：通常需要三个月！我听完更加兴奋了，教科书上很多病名都是终身病啊，都被看成不治之症，不仅需要一辈子吃药，而且还会伴随很多后遗症！

如果没有亲身经历过，很多人会认为当时爷爷说的是天方夜谭，但是我从小的经历和见证，包括急性病、流行性感冒，一两天就能好，最多不过三天呀！但是在学校老师说桂枝汤、麻黄汤都不可以用，用什么药呢？只用一些清热解毒的药方，而且用量很小，然后说感冒它有一个自愈周期，一周到两周的时间，不管用中药还是西药，都要经历一周到两周的时间才能康复。我常常想：不管是急性病还是慢性病，怎么到了爷爷手里，康复时间就变得不一样了呢？

第二个学期一开学，我就和同学们兴奋地分享，但是大家充满质疑：“如果这么好，你在这里学什么？赶紧回家吧，回家跟你爷爷学习。我们到这个学校里来，就是为了学治病，你说的我们不信！”那一刻，我体会到了一丝寂寞，不被人理解的孤独寂寞。多年以后我才明白，爷爷一直在这样的寂寞中埋头求索！哪怕是“文革”期间他也从没放弃过真理，在艰苦时期居然悟出了《伤寒六经求真》，这需要多么坚韧、多么强大的心志！

在学校有位同学患上再生障碍性贫血，在校治疗很长时间都不见起色，也把家里的积蓄逐渐花光了，学校号召全校师生给她捐款。我思索后直接找到这位同学，跟她讲我爷爷可以帮助她。幸运的是她相信了我，后来采用爷爷的方法调理到毕业，回到吉林榆树市老家后也坚持继续调理至完全康复。她还有了自己的门诊，一直行医到现在。

1995 年，我考取了石家庄市卫生局颁发的中西结合医师证书，之后就和爷爷一起在他的门诊出诊。“三汤一粥一谷茶”就是从 1996 年开始，我和爷爷一起一步一个脚印研发出来的。“三汤一粥一谷茶”的研发顺序是生化汤—强生粥—化脂汤—排异汤—谷茶。

二、“三汤一粥一谷茶”的前世今生

（一）“三汤一粥一谷茶”简介

生化汤，起初是用最传统的方法来熬制的，因为熬制的数量相对比较多，且熬制的工序也比较烦琐，最终要把它做成流浸膏的形式，以便贮存，所以要经过两天一夜的时间才能熬制七八个月的量。强生粥的炮制过程也是非常复杂的，要经过筛选、清洗、蒸煮、烘干、特殊工艺去纤维去籽壳、磨粉、过筛等多道工序才能完成。

“三汤一粥一谷茶”在爷爷的指导下得到不断的调整与优化，由我亲自来做。所以“三汤一粥一谷茶”并不是一成不变的，而是随着我和爷爷对生命认知的逐步加深（当然在认知上，每次提升，我总是比爷爷慢半拍）而不断完善的。就在爷爷过世之前的 2011 年 11 月初，在爷爷的指导下，我对生化汤、化脂汤、排异汤进行了最后一次优化。

关于“三汤一粥一谷茶”药材的采集，爷爷也非常严谨并全力支持我。我走遍了道地药材的产地，甚至深入大山到农户家中去采购纯天然无污染的道地中药材及药食同源食材，以确保“三汤一粥一谷茶”的最佳疗效。

（二）“三汤一粥一谷茶”的研发过程

1. 生化汤（现名参葛饮）

生化汤最初叫作天和饮。“天和”意指大道至简的自然规律，天工之美，天作之合，因此爷爷后来说生化汤不是我们发明的，而是我们发现的。生化汤的研发过程就是我们帮助足够多的生命逐渐收获健康，从而对生命认知逐渐升华总结的过程。我们从诸多生命逐渐收获健康的过程中发现：生命健康中的慢性问题多源于亚健康，以及身体处于亚健康状态，而改善身体亚健康状态就能帮助身体收获健康。于是在 1996 年我们就有了《切断亚健康，防治慢性病》的科普性文章，此文章是由爷爷执笔，我来辅助，为生化汤所写的。

2. 强生粥

上面提到了，在我学医的时候，我问过爷爷那些大病、慢病、终身病要多长时间能好，爷爷说一般需要三个月。而在 1996 年跟随爷爷正式从医之后，我发现那些病并没有那么快就能好，只有少部分人三个月可以好。高血压、糖尿病也好，心脑血管病也好，乙肝也好，甲亢、甲减也好，通常大部分人三个月并不能好，甚至半年都只是见到效果，并没有真正获得健康。这个时候我就开始质疑爷爷对我说的话，难道是他当年为了让我继承祖业而故意骗我的吗？这个困惑一直困扰着我，这个困惑的解开也是强生粥的由来。

其实在 20 世纪 90 年代之前，那些所谓的大病、慢病、终身病，的确是经过三个月的调理，大部分可以好。那个时候用的还是未成型的生化汤，而当今的生化汤已经高度成熟了，反而没有了当年的效果。为了不影响生化汤的效果，我走遍大江南北去收购那些道地野生药材，结果还是不尽如人意。以前我们三个月就可以解决大部分的终身病，使人获得健康，而现在却不能了，这是什么原因？在我们帮助这些慢性病患者的过程中，这个“原因”越来越清晰了：其实不是药材不地道，而是随着时代的发展，社会方方面面都在发生变化，线性思维、对抗理念融入生活的许多环节，传统应对疾病的方式受到冲击，疾病的应对难度也随之增加了。与此同时，我们的生活环境、饮食习惯和生活方式也在不断发生巨大的改变，这些变化潜移默化地改变了我们的观念，直接影响了我们的健康，所以那些所谓的大病、慢病、终身病也变得相当复杂了。

以孩子的成长为例，如今从孕期到成长的各个阶段都有全方位的指导，营养补充也很到位，可孩子的健康状况却不尽如人意，肥胖症、性早熟、糖尿病，甚至白血病、癌症等疾病在孩子群体中并不罕见。过去鲜少听闻的病症如今频繁出现，这让我们不得不重新审视当下的健康理念和生活方式。我们应当秉持因人、因时、因地制宜的原则，与时俱进，反思并改正过往的错误，这样才能逐步迈向健康。当外部环境难以改变时，我们更要着重改善身体的内环境，提升身体功能，这才是帮助患者重获健康的关键。

大家都知道“病从口入”，不正确的饮食习惯就是“病从口入”的根源，然后就衍生出了强生粥，因为强生粥的诞生，就有了我辅助爷爷所写的科普性文章《糖尿病的新思维》。糖尿病管住嘴是相当重要的，那个时候针对糖尿病就是一日三餐强生粥，吃一些蔬菜水果，加上早晚生化汤，效果很好。

3. 化脂汤

当年我跟爷爷探讨如何更快速地解决高血压、肥胖、中风后遗症、高脂血症、脂肪肝，认为这些患者都需要活血化瘀，加快脂肪代谢，以达到更好的效果，于是就在生化汤的基础之上有了化脂汤，同时又有了医学科普性的文章——《四大终身病同根同源，同治同愈》。

4. 排异汤

2002 年的时候，爷爷经常去北京出诊，而我就在武强老家郭春霖中医诊所坐诊（现在的武强郭生白中医诊所），从那个时候开始接触肿瘤患者。当时我和爷爷探讨，认为肿瘤是异物，是身体的垃圾，如何帮助身体快速排出垃圾、消除异物？我们就综合了生化汤、化脂汤的功能，在此基础上加强了破血活血的功能，进一步加强排异，从而有了排异汤，进而在较短的时间之内就看到了肿瘤的缩小，这个时候就有了综合性的科普读物《论中华医学之生态观》。

当年的困惑，虽然我没有问过爷爷，但是我和爷爷却一直在思考，思考成熟的结果就是强生粥的诞生，以及后来化脂汤、排异汤的诞生！全方位地管控饮食以后，我们看到这些所谓的终身病，真的是三个月之内就可以好的，甚至一个月就能好，比如说脂肪肝和高血压。这个时候我就完全明白了，爷爷没有骗我，只有用正确的食物代替错误的食物，才能真正地帮助人在最短的时间内获得健康！

当然，当年我们认识到食物、饮食习惯的问题了，但是没有将其上升到如何帮助身体正确摄取营养。现在我们有了更为完善的“吃动排”平衡，以及“自家中毒”和“三通”理念，高血压、糖尿病这样所谓的大病、慢病、终身病，在本能系统医学的认识里已经只是身体的症状，只是错误的生活方式导致的表现而已。我们没有了“病”的概念。

5. 辟谷茶

辟谷茶可以定义为激发人体潜在能力的能量体。它是由强生粥演变而来的。

辟谷茶的研发是从 2007 年开始的，那个时候通过对“三汤一粥”的不断优化，我们对生命的认知不断提升，对管住嘴巴、开放身体有了更高的认知，就开始整体思考并探讨自古以来人们是如何养生的，到底吃什么才能精力充沛并增强体能。“长生”，不就是增强身体能力吗？

最后还是爷爷想到了“长生药”是什么、怎么做，然后我就马上去投入制作这个辟谷茶。第一批辟谷茶制作出来后，我们把辟谷茶给爷爷身边的朋友、徒弟试吃，效果很好，大家服用5～7天后一般体重会减2.5～4千克，而且没有以前清水辟谷那种痛苦难耐的状态，辟谷期间精力充沛，思维敏捷，有的人想唱歌，有的人想跳舞，愉悦之感，无以言表！辟谷茶激发本能，提升能力，让传说中的辟谷术摆脱了单纯挨饿的桎梏。

对于辟谷茶的用量，我和爷爷再三推敲，如今随着我对生命个体差异和共生性本能的理解，我们的杞葛玫瑰饮（辟谷茶）确定为一包25克，三餐不限量。

对辟谷茶的思考也是爷爷悟道本能的过程，从2005年爷爷最初提出“本能”，直到《本能论》问世，标志着爷爷对生命的理解已经非常成熟了，已经在拒绝任何对抗生命的方法。而我在爷爷必须顺应生命的基础之上继续研究、践行，才有了现在的《本能论新解——郭氏中医心悟》。

由于从小对喝苦药水有阴影，我一直致力于做出既能喝起来不至于难以下咽，又能保证只给帮助，不给伤害的产品，因此现在的“三汤一粥一谷茶”在各方面已经比起初的配方完善了很多。

三、爷爷悟道本能后的思想转变

爷爷对我无微不至地照顾、关心，每次出门都是千叮咛万嘱咐，我从小就一直享受着这份爱。不过在2009年的初夏，我从杭州门诊回爷爷在北京松林公园的居所后，突然感觉爷爷变了，没那么多嘘寒问暖的爱了，感受到爷爷对我和对他的徒弟已经没有区别了，我当时好伤心，不理解这是为何。

直到爷爷过世后，他所有的患者都来找我调理，我忙到没有了自己的生活，而帮助大家获得健康变成了我的社会责任，这时我才幡然醒悟，当年爷爷思想已升华，为了“大医传承”的担当与社会责任，已经没有了分别心！我也完全明白了爷爷的肺腑之言：天下父母，皆我父母；天下儿女，皆我儿女。这是一种大爱之心。

特别是爷爷在2009年开始反复讲“孩子发烧怎么办”，在授课、治病、写书之余一直讲，他的学生们以为他没有可讲的了，但是我隐隐明白，爷爷知道发烧的根源是由内环境造成的，不从根源改变错误，一味地对抗症状，这个线性思维非常可怕！感冒发烧的错误处理可以说是如今医学面临的一个大问题，同时这个观念的错误也是我们自己文化缺失的结果。

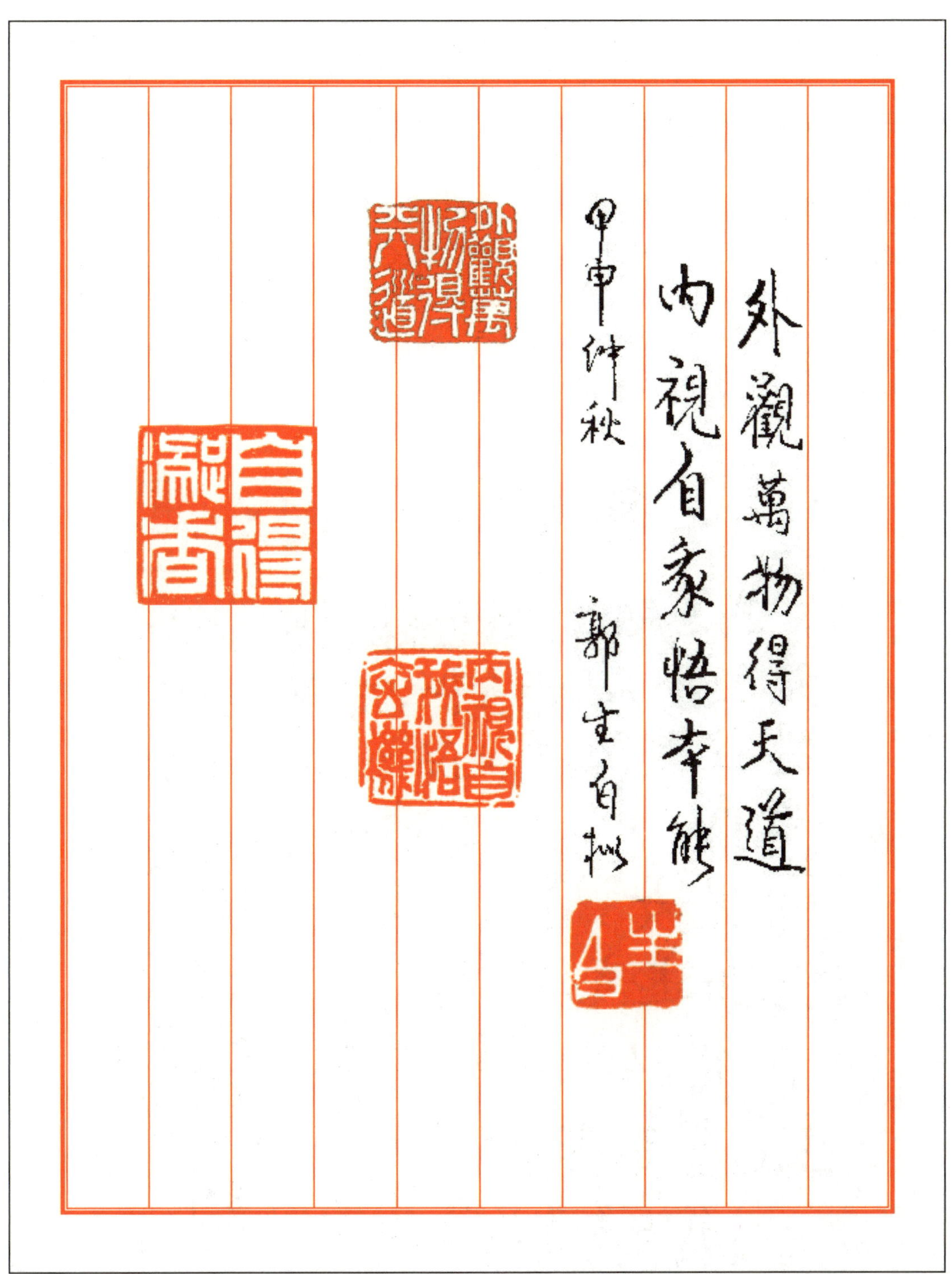

外觀萬物得天道
內視自家悟本能
甲申仲秋
郭生白擬

◎ 郭生白先生手书：外观万物得天道，内视自我悟本能

中国的文化认为人与自然应当和谐相处，宇宙万物之间是共生的关系，无论是何种病毒、细菌，都不该是杀死它、消灭它的思路，而是和谐共生，顺应自然规律。所以有必要把我们自己的文化、观念推广开来，让人们理解无论是发烧还是感冒、咳嗽、拉肚子，它们都是生命本能的排异反应，一定要顺应生命本能，掌握正确的养生护生方法，这样才能做到“人人都知医，苍生无枉死”。

而爷爷，看到太多的人因为这样的错误而枉死，所以着急地反复讲学，开展“大医传承”事业，可惜壮志未酬他就匆匆走了，留下了太多的遗憾！

爷爷走后，我内心非常落寞，由于自小和他在一起，加之我性格内敛不善表达，起初的几年我觉得非常苦恼，深知爷爷的宏愿，却无法帮他更大范围地传播。

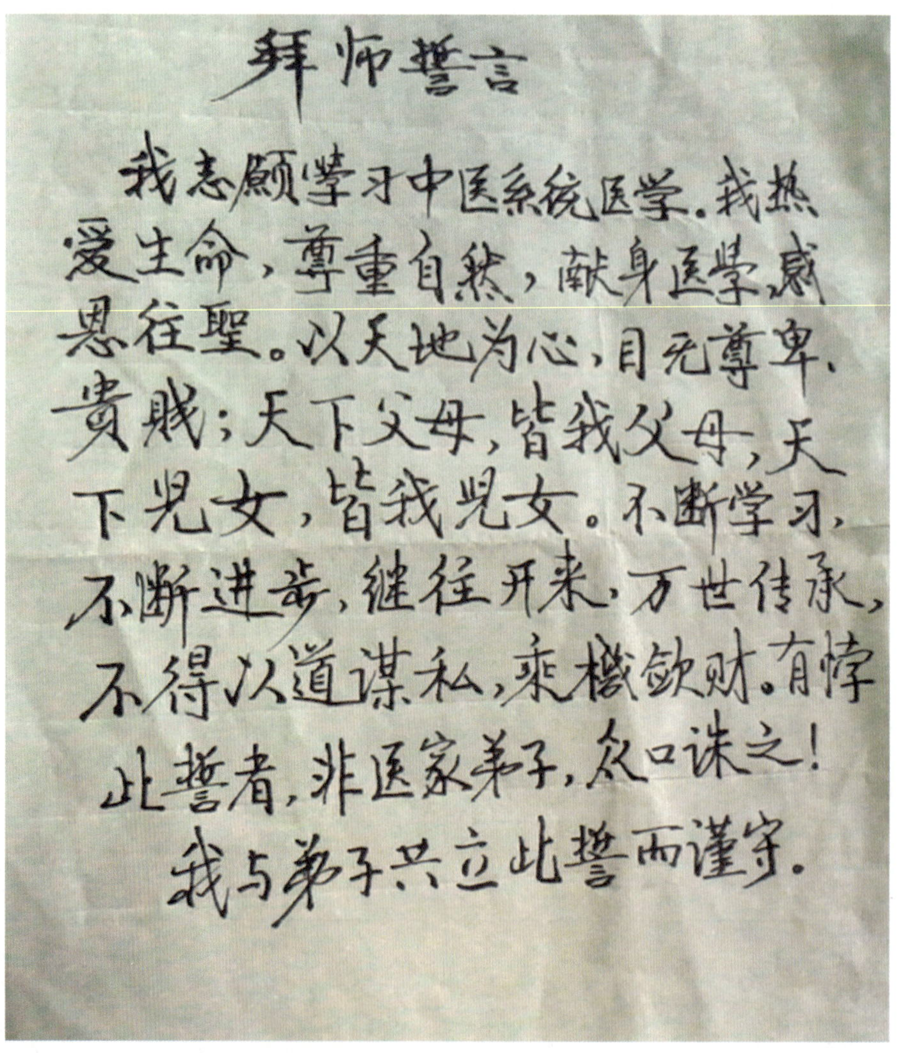

拜师誓言

我志願学习中医系统医学。我热爱生命，尊重自然，献身医学，感恩往聖。以天地为心，目无尊卑、贵贱；天下父母，皆我父母，天下兒女，皆我兒女。不断学习，不断进步，继往开来，万世传承，不得以道谋私，乘机敛财。有悖此誓者，非医家弟子，众口诛之！

我与弟子共立此誓而谨守。

◎ 郭生白先生手书《拜师誓言》

但是我一直坚持着用辟谷班（如今的换食学习班）的方式来推广，事实证明，体悟才是认识生命的捷径！随着一批批优秀学员、师兄在全国各地的传承推广，我们本能系统医学现在已经帮助了很多的病患重获健康，同时产生了很多优秀的指导老师。在和他们的交流中我也在不断进步，当下的我完全理解了爷爷当年四处奔波、日夜操劳是多么胸怀天下，同时也完全理解了爷爷遗嘱的深刻意义！

四、爷爷的期望与遗嘱

我是爷爷“大医传承”学生中的一份子，我和所有师兄一样是践行者、传播者，唯一不同的是我同时也是制造者，我掌握了“三汤一粥一谷茶”的秘方！爷爷在世时曾经多次嘱咐我要保守好这个秘方，一直到现在我也没有向任何人透露过，包括我的家人。至于讲到知识产权之事，只是爷爷著作与音像制品的知识产权，因为“三汤一粥一谷茶”的秘方根本就不可能知识产权化。

无数人觊觎这个秘方，曾经有外国人欲出资五千万美元收购秘方，爷爷果断拒绝了！前几年也有外国人同样向我表示要收购秘方，我告诉他永无可能！不卖秘方原因有二：一来我们是中国人，若卖了秘方就是卖国求荣，虽然本能系统医学还是非主流医学，但真金不怕火炼，总有一天本能系统医学会被更多的人认可和接纳，挽救千千万万的生灵；二是不能公开秘方也是爷爷的遗嘱。

这是口头遗嘱。那是在 2011 年 10 月底，爷爷带领众弟子从北京来衡水第四人民医院红旗综合门诊部出诊（当时我任门诊部主任，为了让“大医传承”首批弟子有更多的临床学习机会，我于 2011 年 6 月承办了此门诊部），当晚爷爷和我单独聊了很久，特别嘱咐了保守秘方之事。

爷爷说：“大医传承”誓言，也就是“大医传承”师训，是对每一位弟子的期望！只要众弟子秉承誓言，谨遵师训，都有机会悟透天机，大家必须帮助足够多的人，行足够多的善，受足够多的苦，才能成大事，悟天机，而不是直接给秘方。倘若直接给秘方，反而把大家都害了！其间爷爷还用了凡先生改变命

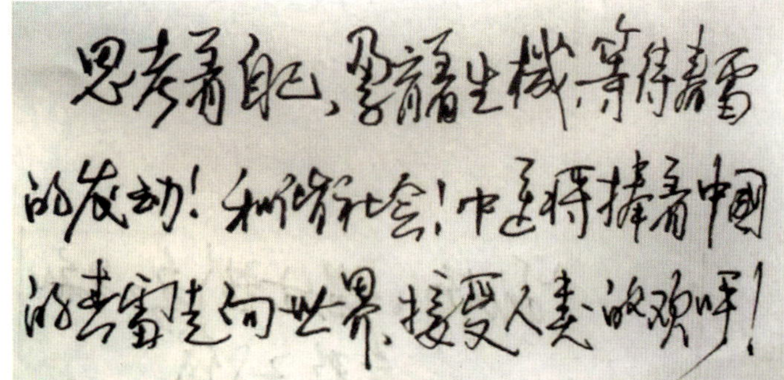
思考着自己，孕育着生机，等待着春雷的发动！和谐社会！中医将捧着中国的青春走向世界，接受人类的欢呼！

◎ 郭生白先生手写字条

运的故事来讲解保守秘方之原因。

当时我听得似懂非懂，而现在我完全明了其中的真谛！

爷爷当时已是悟道之人，《本能论》就是爷爷的悟道之作！当我们的修行还不够时，秘方就是祸水，会让世俗之见蒙蔽自己的眼。试问你是一心向善，还是一心向钱？所以爷爷嘱咐我，在适当的时机，把秘方贡献给国家！这个适当的时机就是《本能论》成为中小学生的必修课教材。而爷爷同时还交代我，今后有一定成就时一定要做公益，把收进来的给出去，所以接下来我会逐步推动“大医传承”事业向公益慈善化迈进，最终实现爷爷提出的“天下无医，生民无病”的至高理想！

五、“大医传承”的方向

爷爷走后，我继续在本能系统医学的道路上不断深入探索。理论方面，我和爷爷合著的《本能论新解——郭氏中医心悟》已于2020年年初在单宝枝教授的大力支持下由中国中医药出版社顺利出版，至今已满五年，今年也将推出更为完善的修订版。具体方法上，我在“三汤一粥一谷茶”的基础之上研发出了将它们所有功能集为一体的药食同源食物，即优化升级后的酸甜可口的饮料——枸杞桑椹果蔬饮（简称果蔬饮），以此将开方治病的理念升华为换食养生，使本能系统理念最大化落地于日常生活，普通人自主健康成为容易达到的现实，将爷爷“人人都知医”的目标落到实处。

我也有一个小目标：若将来《本能论新解——郭氏中医心悟》可以走进中小学课堂，成为广大学生的健康启蒙课教材，我也会把我的果蔬饮秘方捐献给国家！

而当下我们要做的就是以公益讲座、换食学习班、指导师培训、指导师一对一指导及公众号推广、科普文章等方式去继续推动“大医传承”，把“无药而愈人之疾”的方法贡献给社会！把爷爷“人人都知医，苍生无枉死”的美好愿望尽快实现！

郭生白嫡孙、“大医传承”文化工程继承人　郭达成

2024年3月9日

一代名医郭生白

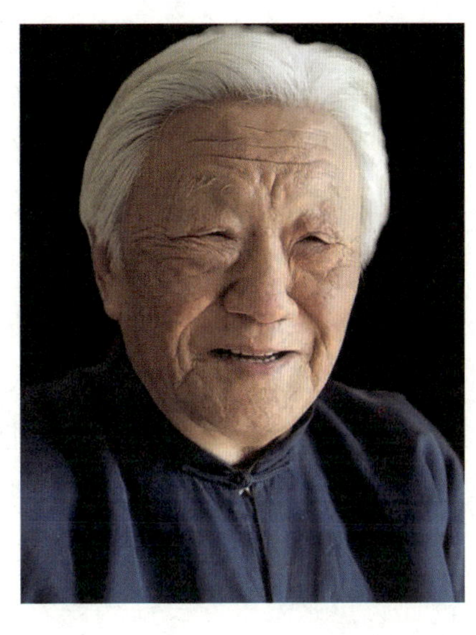

郭生白（1927—2011），名春霖，字润物，号生白，生于河北武强梅庄村，为名医世家第四代传人。祖父郭荫轩，曾就读于保定陆军军官学校，后习医，成为深、武、饶、安一带名医。生白先生五岁便在祖父膝下识字辨药，年幼身矮，常站在小板凳上帮祖父抓药配方。其幼年受蒙“以《伤寒杂病论》为重”的过庭之训，立下“当良医治病救人，做国手起疴回生”之志向。稍长，涉猎群书，受业于李荩卿先生学古文学，于范湘谷先生学英文、物理、化学，并研读传统医学与现代医学，二十岁开始临床。

新中国肇造，教师奇缺，1950 年，受教育行政管理部门力邀，曾在武强农业中学教古文学。因不畏强权、直言相诤的性格，1957 年，遭不白之冤，被错划为“右派”，归农劳改，直至 1985 年改正，其过程甚为曲折艰辛。然寒梅傲于霜雪，逆境不改其志，蒙冤二十八载间，他醉心医典，日夜苦读，“青灯夜夜伴孤禅”是对他痴迷研究经典《伤寒杂病论》的写照，使《伤寒杂病论》这一中医学经典的灵魂融入了他的骨髓，并与他的灵魂融为一体，为日后创建“本能论”打下了坚实的中医学理论基础。之后，其精神得到彻底的解放，专心医道，在县城开办诊所，应用《伤寒杂病论》的中医学原理和家传辨证施治方法服务乡里，白天黑夜有求必应，一生救人无数。

1989 年，受聘于饶阳县卫生进修学校，讲授《伤寒杂病论》和医古文。

1993 年，《伤寒六经求真》正式出版，原卫生部部长崔月犁先生题写书名，原河北省中医学会理事长王立山作序。写作期间，六易其稿，先生倾注了几十年的心血与汗水，可谓是“五斗心血十斛汗，捧与天下济苍生”。

2002 年，受聘于首都师范大学校医院，任中医科主任医师。

2004 年，受聘于浙江大学校医院，任中医专家门诊主任医师。同年在浙江大学举办关于高血压、糖尿病、心脑血管病、肿瘤、肝脏病、亚健康等的知识讲座，获与会百名教授的高度认同与赞赏，并应日本国际阴阳科学代表团邀请在浙江大学做“东方智慧与中华医学”演讲，受到热烈欢迎。2004 年是先生创作高峰期，著有《论中华医学之生态观》《阴阳五行新解》《治“未病”的思考》《思考全民健康》《解密中医》《医事得失集》等。

2006 年，应邀在杭州西子饭店做健康知识演讲。

2008 年，任北京郭生白中医研究院院长。每周举办中医公益讲座，用通俗易懂的语言为广大中医爱好者讲解《伤寒杂病论》，谈笑间把深奥晦涩的经典讲得深入浅出。他的弟子来自各地，有中医药大学的学生，有执业医师，有外国留学生，也有中医爱好者，受益弟子众多。同年，在人民大会堂举办“全国中医师承拜师大典”，做首席发言，并招收弟子。

2006—2010 年间，先后受邀在北京大学、清华大学、北京中医药大学等高校讲授传播中医的执中和谐、天人合一、道法自然的哲学理念。

2009 年，做客中央人民广播电台《中国之声》栏目，与著名主持人梁冬共同录制《说白〈伤寒论〉——梁冬对话郭生白》节目。

2010 年，先生巨著《本能论》问世。在高血压、糖尿病、心脑血管病、肿瘤、肝脏病和亚健康等慢性病多发的形势下，发现了生命本能系统，提出了“一方多病，千人一方”，统一了多元的辨证体系，启世惊俗，见解独到，使后学者迷途顿悟。《本能论》是关于人类如何认识自己、对待自己的文章，论述关于生死、疾病、健康、长寿的智慧。同年有《论中医复兴》《论中医复兴的社会伦理学意义》《论中医系统医学》《论中医的系统效应》等问世。

2010 年，用全部积蓄设立“中华社会文化发展基金会本能论公益基金”，旨在传承发展中医文化。同年，应邀做客旅游卫视《国学堂》栏目，与主持人梁冬、中华社会文化发展基金会执行副秘书长蒋晔先生共同录制《生命本能的奥秘——梁冬对话蒋晔、郭生白》。

2011 年年初，耄耋之年南下南京、南通，面会国医大师朱良春、周仲瑛先生，同经络专家祝总骧教授、国医大师陆广莘先生、科技部中医药发展战略专家贾谦教授共同发起“大医传承”文化工程暨全民健康——大医传承“师带徒”公益项目，旨在传承中医核心文化，传播中医和谐文化及生命本能系统健康理论。

2011 年 5 月 15 日，由中华社会文化发展基金会本能论公益基金和中国民间中医医药研究开发协会共同主办的“大医传承”文化工程启动仪式在中国中医科学院会议厅隆重举行。6 月 15 日，“大医传承”正式开课。

从“大医传承”的筹划、组织、启动到开课，先生亲力亲为，夜以继日，废寝忘食，常常凌晨四点钟起床写作、处理事务，早饭后到“大医传承”班授课，经常讲到下午一两点钟，午饭后接诊各地患者。其工作量之大，难以想象，身体超极限运作，最终以真真实实的呕心沥血献身于“大医传承”的课堂。

2011 年 11 月 19 日上午，先生讲课到十点左右，身体突然不适，然后大口吐血。11 月 21 日，先生走完了生命最后一程，正如先生说的，“了却人间疾苦事，化作青烟上九天”。

先生生前为弟子们立下师训，告诫众弟子：“中医是仁道，不是发财之道；违背师训，逐出师门；有钱人能吃药，没钱人也要吃药；做慈善。”

先生一生，“但恨苍生医无药，不信大道无人知”，如今大道得以弘扬，弟子遍布祖国四面八方，亦走出国门，传至国外。先生之宏愿“人人都知医，苍生无枉死；有病自家治，大病可商量”及“天下无医，生民无病”终会实现！

长女　郭知维

2024 年 3 月 7 日

目　录

壹 珍贵留影

贰 往日回音

叁 先生思想

肆 永远怀念

陆 书序及碑文

珍贵留影

老照片中的先生

◎ 青年时期的郭生白（1947 年）

◎ 郭生白（第二排右一）、李琦夫妇与家人（1972 年）

◎ 郭生白六十岁寿辰与儿女合影

◎ 郭生白六十岁寿辰与孙辈合影

◎ 郭生白六十岁留影

◎ 郭生白六十四岁留影

◎ 2009 年 12 月 3 日郭生白在交谈中

注：黄剑（笔名油麻菜）摄于第二外国语学院附近的北京郭生白中医研究院。

◎ 郭生白查看制作好的《师训》

◎ 郭生白个人照

传承中医

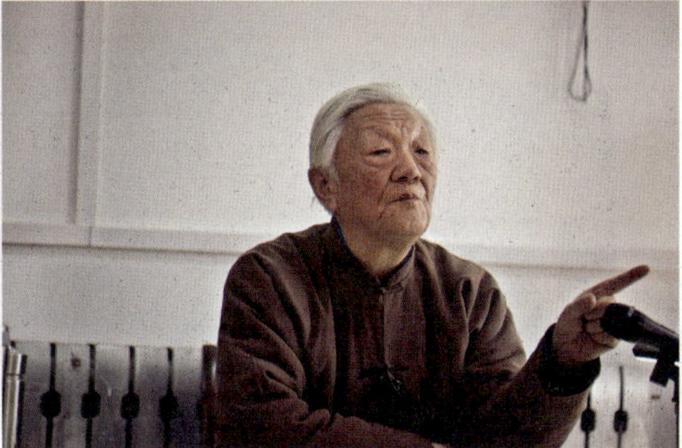

◎ 郭生白课堂剪影

◎ 2005 年 5 月 23 日浙江大学公益讲座

◎ 2005 年 12 月杭州西湖区公益讲座

◎ 2006 年 11 月 1 日北京中医药大学公益讲座

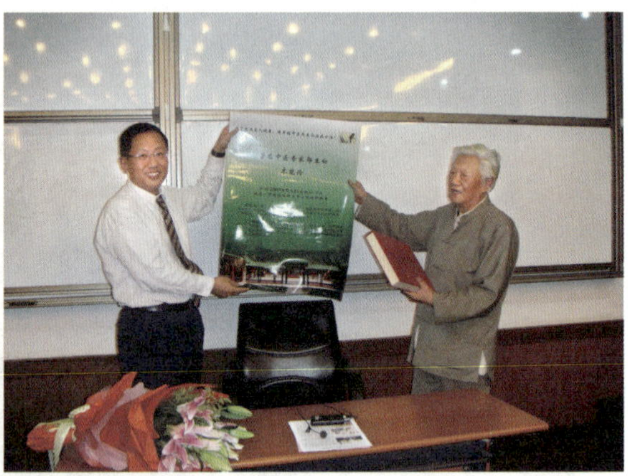

◎ 2007 年 11 月 25 日北京大学公益讲座

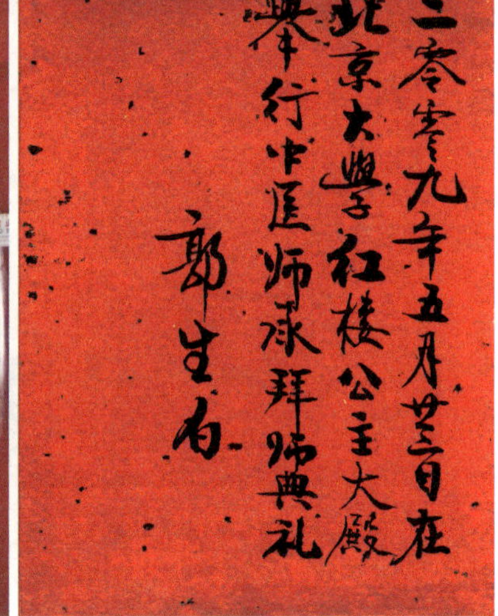

◎ 2009 年 5 月 23 日郭生白收徒仪式在北京大学红楼举行

◎ 2009 年 6 月 18 日清华大学公益讲座

◎ 2009 年 11 月 28 日受邀于浙江大学做日中传统文化交流，并于会后即兴赋诗

◎ 2010 年 9 月 21 日参加养生高峰论坛

◎ 2011 年 4 月 5 日参加运城全国民间中医药学术交流会

◎ 2011 年 6 月 21 日参加 312 国际列车大会

注：312 经络锻炼法为著名经络大家、“大医传承”发起人之一祝总骧先生所创。

◎ 2009 年 3 月 26 日“说白《伤寒论》”公益讲座

◎ 2010 年 11 月 14 日公益讲座

◎ 2009 年 12 月 20 日本能论公益讲座

睹物思人

◎ 先生物品：翻破了的《伤寒论》

◎ 先生物品：古本《本草纲目》

◎ 患者赠送郭生白先生“亚张”牌匾

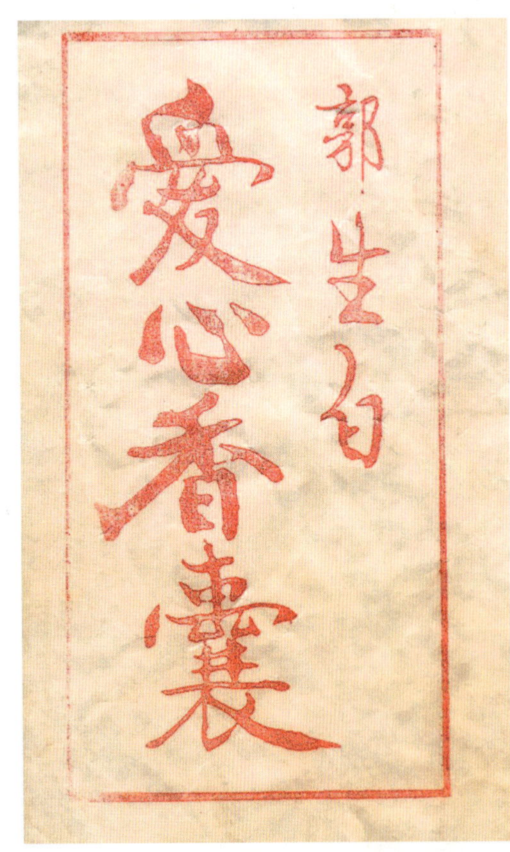

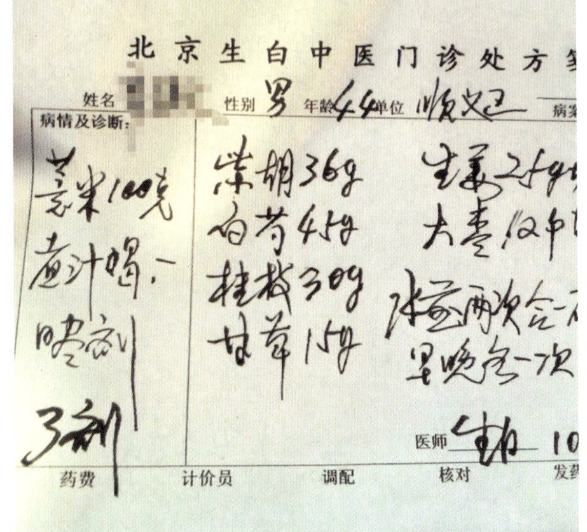

◎ 郭生白先生手写处方

◎ 2003年发生严重急性呼吸综合征（SARS）期间，郭生白先生让嫡孙郭达成制作十余万元的爱心香囊免费赠予大众

郭生白用笺

①有记忆开始每年除夕烧账簿。爷爷说："医道是仁道。不是生财之道。可以生活，不可致富。"

②爷爷之死。八岁时的冬季冬至，爷爷叫全家人奶奶、三位姑姑、父母到书房里说："我将不久于人世，大约明年春分我要走了。你们谁有什么事要跟我说，我给你们办，不要等我走了……"

爷爷怎么知道自己的归期呢？爷爷是肺癌。

3、母亲是冠心病。奶奶是胃癌。

4、爱人是肠癌

5、癌肿瘤与心脏病数十年来一直折磨着我。深夜梦回，常是泪流满面。一直在寻求答案：肿瘤是怎么发生的？我坚信：宇宙万物是相互制约的。肿瘤怎么能不受制约！几十年日日夜夜的思考！

◎ 郭生白先生手稿（爷爷的训诫与家人病苦所带来的伤痛、思考）

①有记忆开始每年除夕烧账簿。爷爷说："医道是仁道，不是生财之道。可以生活，不可致富。"

②爷爷之死。八岁时的冬季冬至。爷爷叫全家人——奶奶、三位姑姑、（郭生白）父母到书房里说："我将不久于人世，大约明年春分我要走了。你们谁有什么事要跟我说，我给你们办，不要等我走了……" 爷爷怎么知道自己的归期呢？爷爷是肺癌。

③母亲是冠心病。奶奶是胃癌。

④爱人是肠癌。

⑤癌肿瘤与心脏病数十年来一直折磨着我。深夜梦回，常是泪流满面。一直在寻求答案：肿瘤是怎么发生的？我坚信：宇宙万物是相互制约的。肿瘤怎么能不受制约？几十年日日夜夜的思考！

郭生白用笺

◎ 郭生白先生手稿

本能论对人类的贡献可分为两个方面说：一是对医学的贡献，是21世纪对医学的一次飞跃！人类健康危机已是人人皆知，世界忧虑的大问题。95%的人失去健康，是什么原因？最主要的原因是医学的对抗思维与化学药物的毒性。所以，对这个健康危机，现代医学是令人失望的。世界已清楚地在对待这个问题，所以全世界的科学家都在努力研究生命系统医学，以求拯救人类。

本能论的问世，使人民在无望中看到了光明。人类今天才看到自身与生命同时而有的生存本能。这个本能自塑能，更新能，复制能，排异能，自调能，应变能，信息能……总之，人类开始认识自身有拒绝疾病的能，有驱逐外界入侵与内部产生的病理物，有自己调节自身的功能紊乱的能力。这个理论一旦被人认识，必然会给医学带来一次……

郭生白用笺

外以黑格尔·米勒与……为代表的研究，是用一般系统科学理论来解释生命。而中国不然，中国人是在解释生命中发现了本能系统。这便是本书与西方的生命科学不同之处。

生命本能论出现之后，相应出现了许许多多的问题。为什么说许多问题？多少呢？不知道。为什么不知道呢？因为生命本能系统问世以后，人类开始认识了自己，知道了怎样去对待自己，同时也知道了过去在对待自己的方法中，有许许多多是错误的。错了就要改。该改正的地方太多了，这就是说问题许多，不知道会有多少。在本能系统出现之前，我们认为是好方法，但生命本能系统证明了它是坏方法。过去以为很科学的行为，一朝变成了无知、愚昧。这是医学的发展过程中会必然出现。我们不妨简略地说一说看。

◎ 郭生白先生手稿

（国）外以黑格尔·米勒与……为代表的研究，是用一般系统科学理论来解释生命。而中国不然，中国人是在解释生命中发现了本能系统。这便是本书（《本能论》）与西方的生命科学不同之处。

生命本能论出现之后，相应出现了许许多多的问题。为什么说许多问题？多少呢？不知道。为什么不知道呢？因为生命本能系统问世以后，人类开始认识了自己，知道了怎样去对待自己，同时也知道了过去在对待自己的方法中，有许许多多是错误的。错了就要改。该改正的地方太多了，这就是说问题许多，不知道会有多少。在本能系统出现之前，我们认为是好方法，但生命本能系统证明了它是坏方法。过去以为很科学的行为，一朝变成了无知、愚昧。这是医学的发展过程中会必然出现（的）。我们不妨简略地说一说看。

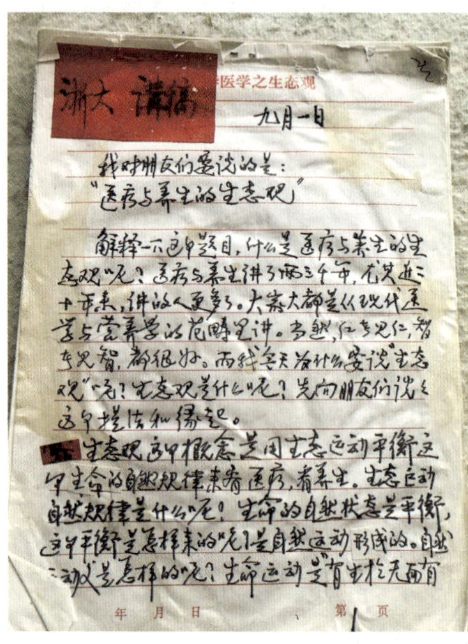

浙大 讲稿

中医学之生态观

九月一日

我对朋友们要说的是：
“医疗与养生的生态观”

◎ 浙江大学公益讲座讲稿

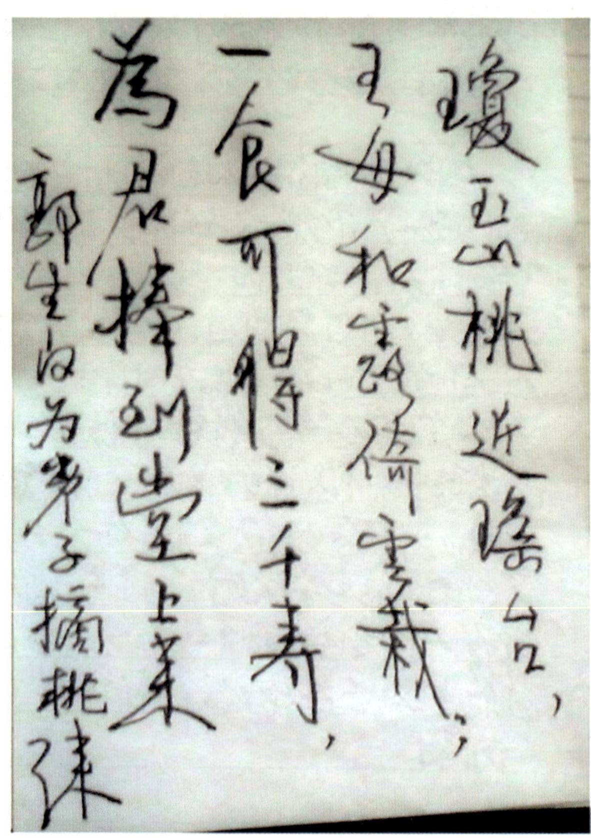

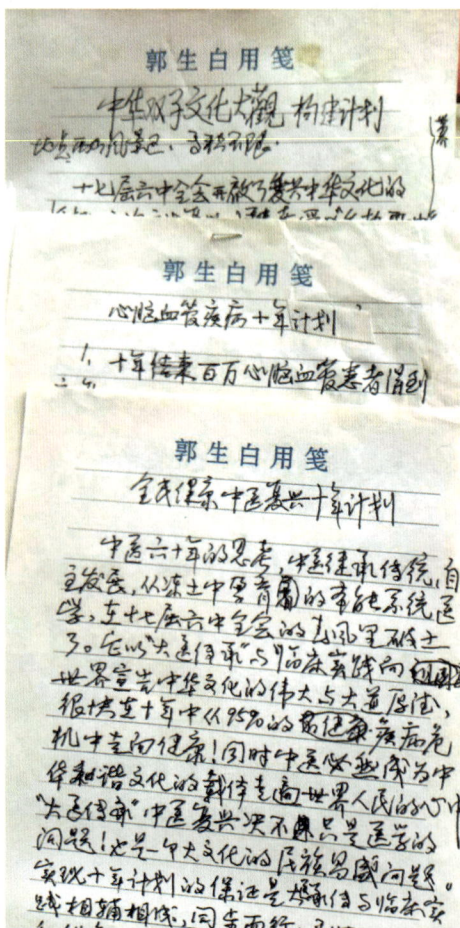

◎ 琼玉山桃近瑶台，王母和露倚云栽；

一食可得三千寿，为君捧到堂上来。

——郭生白为弟子摘桃来了

注：2011 年 6 月 15 日“大医传承”课堂正式开始，上课期间恰逢郭生白多次提过的深县蜜桃成熟，他托人摘来桃子给弟子们品尝。“大医传承”历经艰难得以举办，郭老心中愉悦，随手而作此诗。

郭生白用笺

郭生白用笺

心脑血管疾病十年计划

郭生白用笺

全民健康中医复兴十年计划

◎ 部分文章手稿：《全民健康中医复兴十年计划》《心脑血管疾病十年计划》等

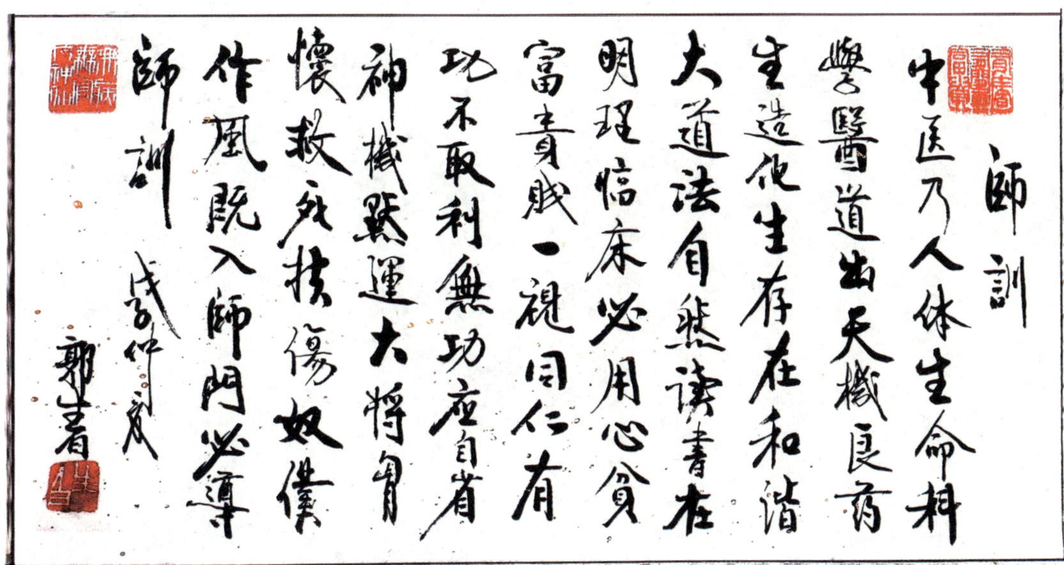

◎ 郭生白先生手书《师训》

中医乃人体生命科学。医道出天机，良药生造化。生存在和谐，大道法自然。读书在明理，临床必用心。贫富贵贱一视同仁。有功不取利，无功应自省。神机默运，大将胸怀。救死扶伤，奴仆作风。既入师门，必遵师训。

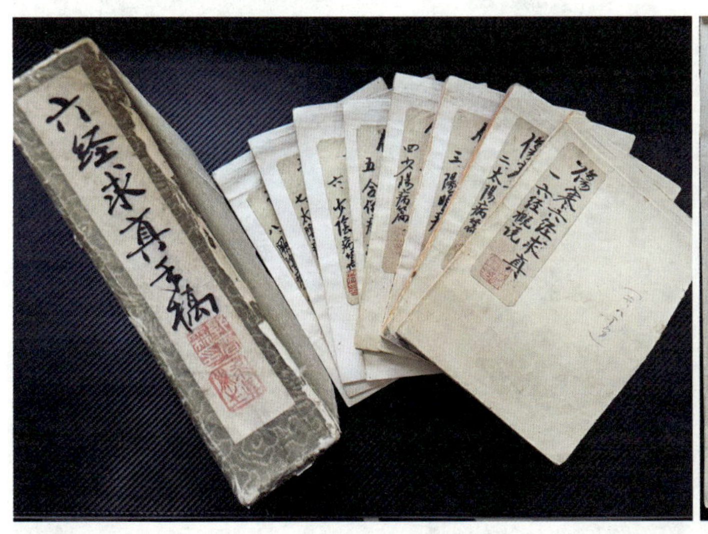

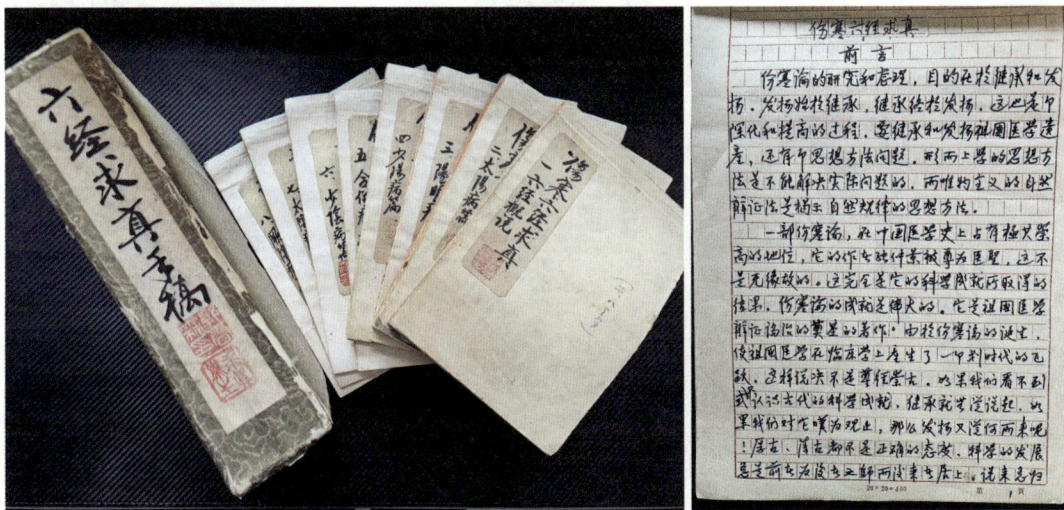

◎ 郭生白先生著作《伤寒六经求真》手稿

注：海豚出版社于 1993 年 6 月正式出版本书。九州出版社于 2009 年 10 月出版《伤寒六经求真（修订版）》。

◎ 原卫生部部长崔月犁先生亲自为《伤寒六经求真》题写书名

◎《本能论》(2010 年版本)

◎《本能论》作者郭生白先生、作序者蒋晔先生与著作合影

注：蒋晔先生，郭生白先生挚友，中华社会文化发展基金会执行副秘书长。

[Exclusive Interview] 名家专访

尊重生命本能系统
弘扬中医和谐文化

——本刊独家专访名老中医郭生白

"亚健康"是让很多妈妈非常头疼的问题。为什么我的宝宝老爱发烧咳嗽？为什么我的宝宝老爱进医院？本刊专访了著名老中医郭生白，为妈妈们揭开生命的秘密。

专家简介：

◎《婴儿 & 母亲》杂志所载"名家专访"

注：《婴儿 & 母亲》杂志所载文章即为后来流传甚广的手册《孩子发烧怎么办？》初版。

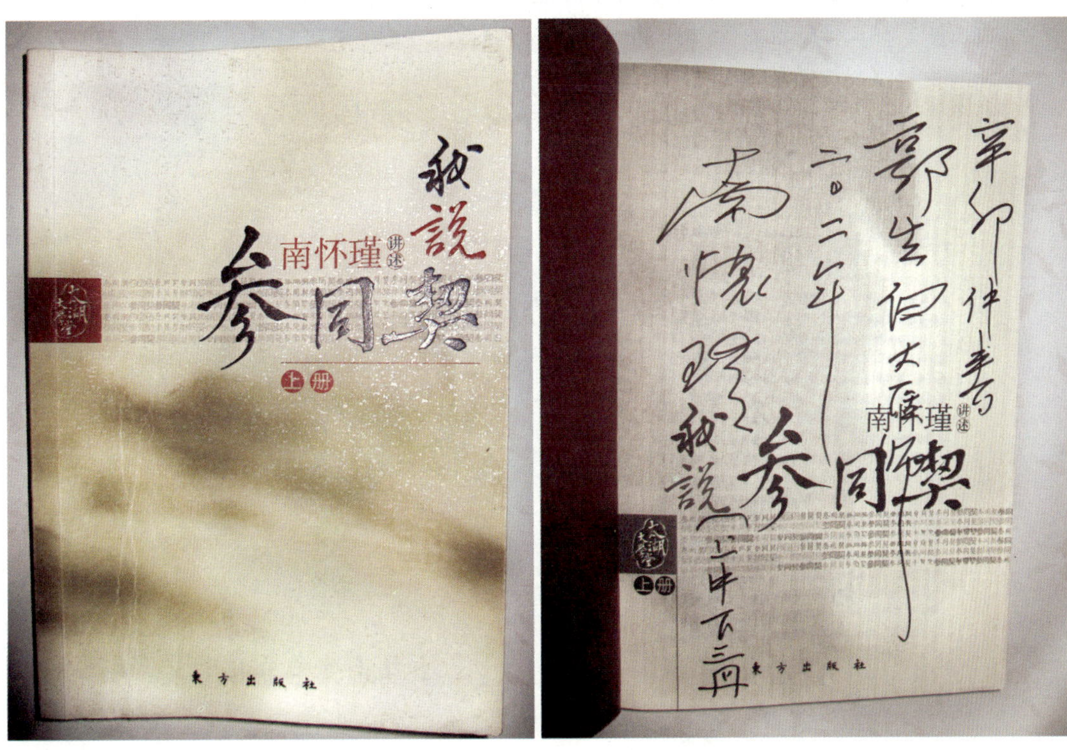

◎ 南怀瑾先生回赠著作

注：郭生白先生曾嘱托南怀瑾先生的学生古国治赠予南老《本能论》书籍，南老高度认可本能论思想，特回赠其重要著作《我说参同契》，并在扉页上题字"郭生白大医师"。

◎ 郭生白先生手书“大道至简”

大道之所以简，是因对最复杂的事物精微认识，系统梳理之后，以至高至大的概括成为规律。至大对至细说，至简亦至繁也。

——庚寅仲秋　郭生白记

◎ 郭生白先生手书

医道出于天机，良药生于造化。生命在于和谐，生存赖于本能。道以德宏，德以仁厚，大德曰生。

——二〇〇九年三月　郭生白识

◎ 郭生白先生手书扇面之一

一杯净水知真味，十丈红尘养禅心

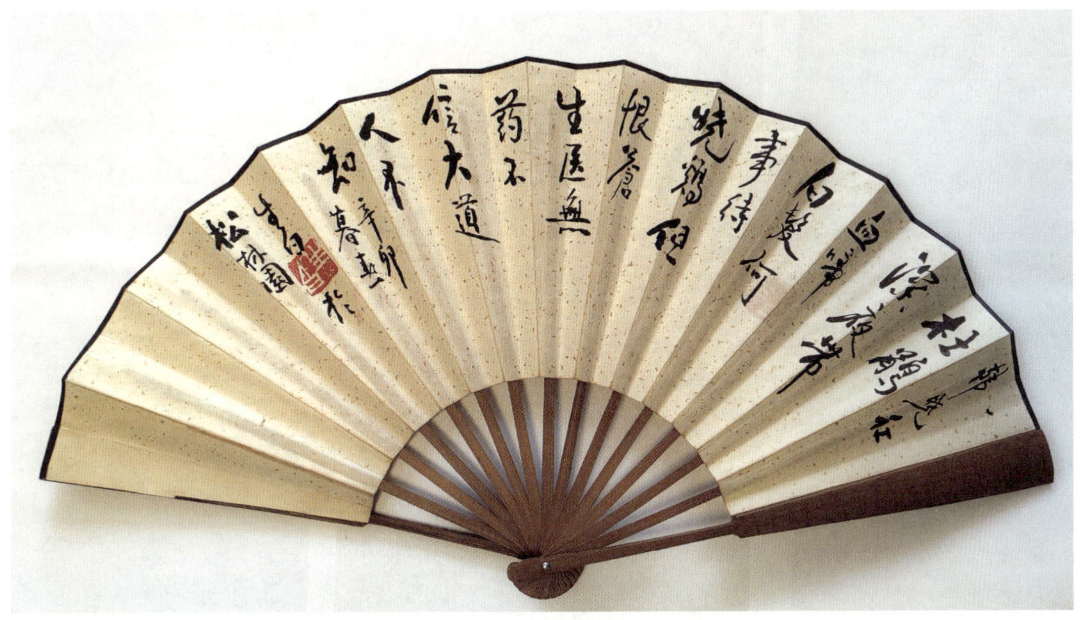

◎ 郭生白先生手书扇面之二

杜鹃深夜带血啼，白发何事待晓鸡。

但恨苍生医无药，不信大道人不知。

——辛卯暮春　生白于松林园

注：此诗以“杜鹃深夜带血啼，白发何事待晓鸡”叙说满头白发的先生仍然夜以继日、殚精竭虑，皆因心中对天下苍生的责任感与对世人的悲悯心。“但恨苍生医无药，不信大道人不知”，先生历经磨难终于悟出了生命本能智慧，将其无私奉献给世人，虽然因种种原因在传播过程中遇到了很多阻碍，但是先生坚信大道终有一天会传遍天下，世人终会认识生命，摆脱病苦，走出健康危机。

大医传承

由中华社会文化发展基金会本能论公益基金和中国民间中医医药研究开发协会共同主办的“大医传承”文化工程暨全民健康——大医传承“师带徒”公益项目启动仪式，于2011年5月15日在中国中医科学院隆重举行。

“大医传承”文化工程暨全民健康——大医传承“师带徒”公益项目是以朱良春、周仲瑛、陆广莘、郭生白、祝总骧等为代表的数位国宝级大医发起的中医文化传承项目，旨在传承中医核心文化，传播中医和谐文化及生命本能系统健康理论，提高“治未病”认识，树立全民自主本能健康信念，宣传人与自然和谐、人与人和谐、人自身和谐的理念。

该项目采用中央课堂学习、现场诊疗学习、远程学习与现场面授相结合的方式，其特点是以祖传、师承的方式结合现代远程互动研修，学习期间中医理论与方法论同时传授，并安排随师临床实践。

◎ 郭生白在“大医传承”文化工程启动仪式上讲话

◎“大医传承”文化工程启动仪式

◎“大医传承”文化工程的两位发起人郭生白与祝总骧

◎ 为了“全民健康、中医复兴”，壮心不已，念念在兹！——郭生白（左一）与贾谦（中）、陆广莘（右一）在京商讨“大医传承”事宜

◎ 郭生白在南下联合朱良春的列车上

◎ 郭生白为本能论公益基金专家委员书写聘书

◎“大医传承”文化工程简介封面

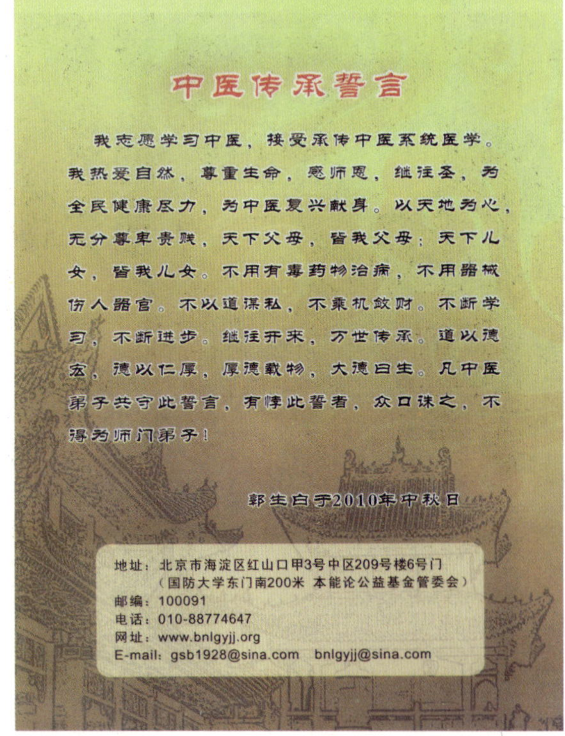

中医传承誓言

我志愿学习中医，接受承传中医系统医学。我热爱自然，尊重生命，感师恩，继往圣，为全民健康尽力，为中医复兴献身。以天地为心，无分尊卑贵贱，天下父母，皆我父母；天下儿女，皆我儿女。不用有毒药物治病，不用器械伤人器官。不以道谋私，不乘机敛财。不断学习，不断进步。继往开来，万世传承。道以德宏，德以仁厚，厚德载物，大德曰生。凡中医弟子共守此誓言，有悖此誓者，众口诛之，不得为师门弟子！

郭生白于2010年中秋日

地址：北京市海淀区红山口甲3号中区209号楼6号门
（国防大学东门南200米 本能论公益基金管委会）
邮编：100091
电话：010-88774647
网址：www.bnlgyjj.org
E-mail：gsb1928@sina.com　bnlgyjj@sina.com

◎ 简介封底为郭生白先生所书《中医传承誓言》

我志愿学习中医，接受承传中医系统医学。我热爱自然，尊重生命，感师恩，继往圣，为全民健康尽力，为中医复兴献身。以天地为心，无分尊卑贵贱，天下父母，皆我父母；天下儿女，皆我儿女。不用有毒药物治病，不用器械伤人器官。不以道谋私，不乘机敛财。不断学习，不断进步。继往开来，万世传承。道以德宏，德以仁厚，厚德载物，大德曰生。凡中医弟子共守此誓言，有悖此誓者，众口诛之，不得为师门弟子！

——郭生白于 2010 年中秋日

◎“大医传承”文化工程揭牌仪式

◎“大医传承”文化工程启动仪式会议现场座无虚席

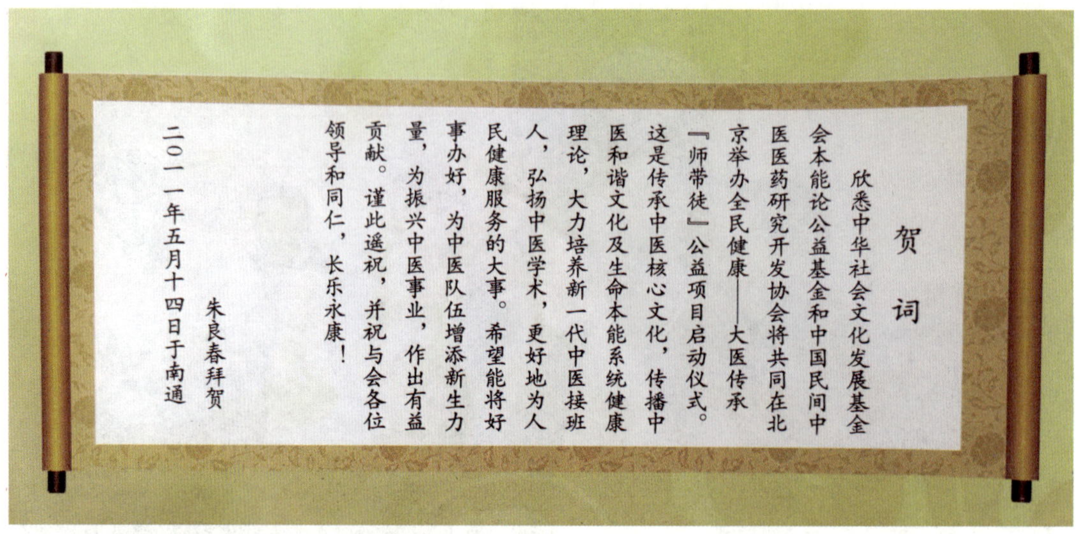

贺词

欣悉中华社会文化发展基金会本能论公益基金和中国民间中医医药研究开发协会将共同在北京举办全民健康——大医传承『师带徒』公益项目启动仪式。这是传承中医核心文化，传播中医和谐文化及生命本能系统健康理论，大力培养新一代中医接班人，弘扬中医学术，更好地为人民健康服务的大事。希望能将好事办好，为中医队伍增添新生力量，为振兴中医事业，作出有益贡献。谨此遥祝，并祝与会各位领导和同仁，长乐永康！

朱良春拜贺

二〇一一年五月十四日于南通

◎ 国医大师朱良春在江苏南通为启动仪式发来贺词

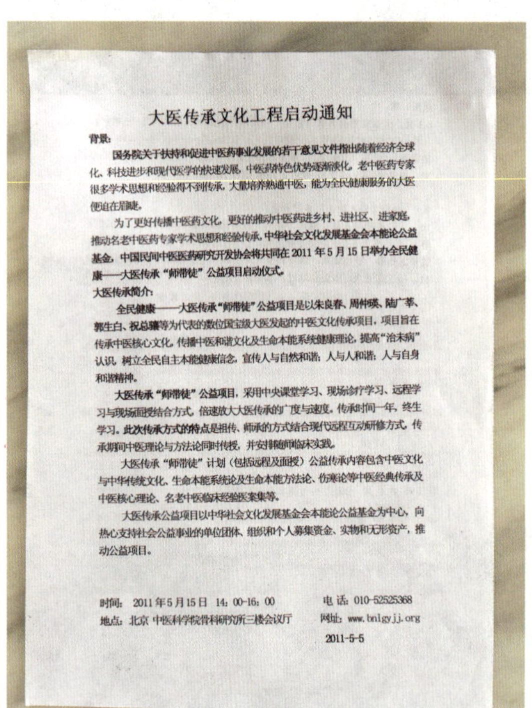

大医传承文化工程启动通知

背景：

国务院关于扶持和促进中医药事业发展的若干意见文件指出随着经济全球化、科技进步和现代医学的快速发展，中医药特色优势逐渐淡化，老中医药专家很多学术思想和经验得不到传承，大量培养熟通中医，能为全民健康服务的大医便迫在眉睫。

为了更好传播中医药文化，更好的推动中医药进乡村、进社区、进家庭，推动名老中医药专家学术思想和经验传承，中华社会文化发展基金会本能论公益基金，中国民间中医医药研究开发协会将共同在 2011 年 5 月 15 日举办全民健康——大医传承“师带徒”公益项目启动仪式。

大医传承简介：

全民健康——大医传承“师带徒”公益项目是以朱良春、周仲瑛、陆广莘、郭生白、祝总骧等为代表的数位国宝级大医发起的中医文化传承项目，项目旨在传承中医核心文化，传播中医和谐文化及生命本能系统健康理论，提高“治未病”认识，树立全民自主本能健康信念，宣传人与自然和谐；人与人和谐；人与自身和谐精神。

大医传承“师带徒”公益项目，采用中央课堂学习、现场诊疗学习、远程学习与现场面授结合方式，倍速放大大医传承的广度与速度。传承时间一年，终生学习。此次传承方式的特点是祖传、师承的方式结合现代远程互动研修方式，传承期间中医理论与方法论同时传授，并安排随师临床实践。

大医传承“师带徒”计划（包括远程及面授）公益传承内容包含中医文化与中华传统文化、生命本能系统论及生命本能方法论、伤寒论等中医经典传承及中医核心理论、名老中医临床经验医案集等。

大医传承公益项目以中华社会文化发展基金会本能论公益基金为中心，向热心支持社会公益事业的单位团体、组织和个人募集资金、实物和无形资产，推动公益项目。

时间：2011 年 5 月 15 日 14：00-16：00　　电话：010-52525368

地点：北京 中医科学院骨科研究所三楼会议厅　　网址：www.bnlgyjj.org

2011-5-5

◎“大医传承”文化工程启动通知

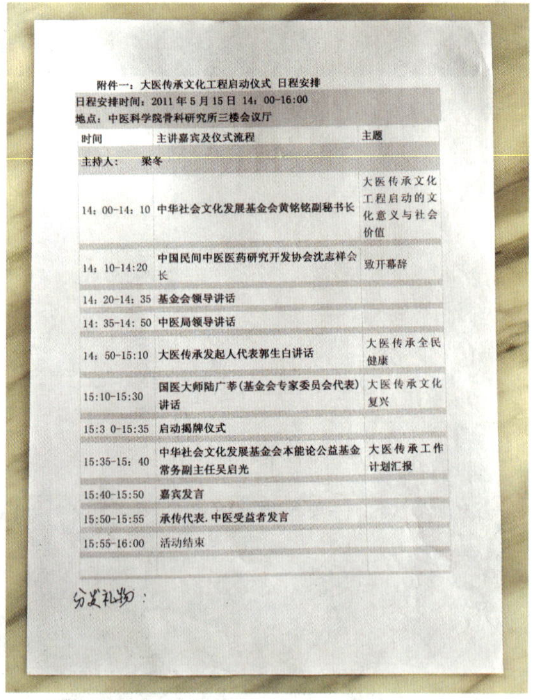

附件一：大医传承文化工程启动仪式 日程安排

日程安排时间：2011 年 5 月 15 日 14：00-16:00

地点：中医科学院骨科研究所三楼会议厅

时间	主讲嘉宾及仪式流程	主题
主持人：	梁冬	
14：00-14：10	中华社会文化发展基金会黄铭铭副秘书长	大医传承文化工程启动的文化意义与社会价值
14：10-14:20	中国民间中医医药研究开发协会沈志祥会长	致开幕辞
14：20-14：35	基金会领导讲话	
14：35-14：50	中医局领导讲话	
14：50-15:10	大医传承发起人代表郭生白讲话	大医传承全民健康
15:10-15:30	国医大师陆广莘(基金会专家委员会代表)讲话	大医传承文化复兴
15:3 0-15:35	启动揭牌仪式	
15:35-15：40	中华社会文化发展基金会本能论公益基金常务副主任吴启光	大医传承工作计划汇报
15:40-15:50	嘉宾发言	
15:50-15:55	承传代表. 中医受益者发言	
15:55-16:00	活动结束	

分发礼物：

◎“大医传承”文化工程启动仪式日程安排表

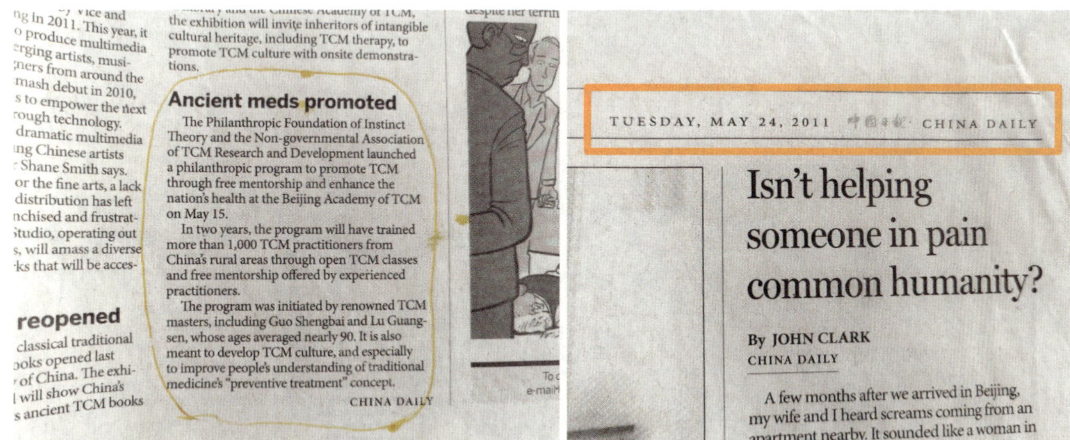

Ancient meds promoted

The Philanthropic Foundation of Instinct Theory and the Non-governmental Association of TCM Research and Development launched a philanthropic program to promote TCM through free mentorship and enhance the nation's health at the Beijing Academy of TCM on May 15.

In two years, the program will have trained more than 1,000 TCM practitioners from China's rural areas through open TCM classes and free mentorship offered by experienced practitioners.

The program was initiated by renowned TCM masters, including Guo Shengbai and Lu Guangsen, whose ages averaged nearly 90. It is also meant to develop TCM culture, and especially to improve people's understanding of traditional medicine's "preventive treatment" concept.

CHINA DAILY

TUESDAY, MAY 24, 2011　中国日报·CHINA DAILY

Isn't helping someone in pain common humanity?

By JOHN CLARK
CHINA DAILY

A few months after we arrived in Beijing, my wife and I heard screams coming from an apartment nearby. It sounded like a woman in

◎《中国日报》等媒体报道“大医传承”文化工程启动仪式

◎ 2011 年 6 月 16 日“大医传承”面授班正式开讲

◎ 衡水义诊，郭生白与部分面授弟子合影

◎ 衡水义诊中

◎“大医传承”面授班讲堂：国防大学旁北京生白中医门诊二楼

◎“大医传承”课堂物品：药品标本柜

◎ 郭生白讲课时随身携带的茶杯

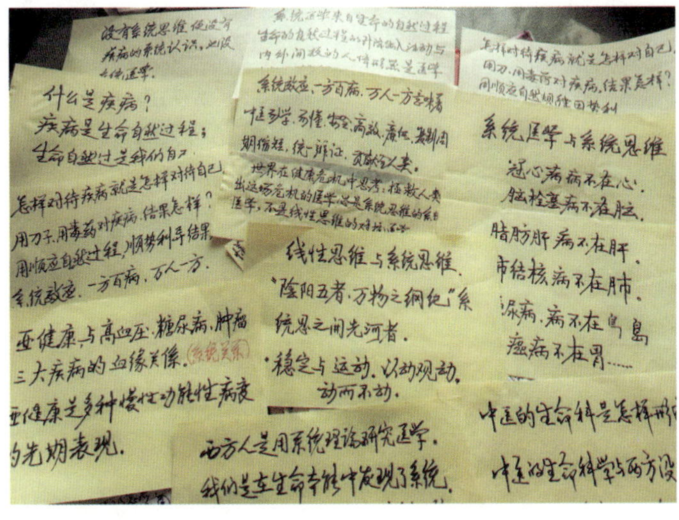

◎ 先生备课提纲

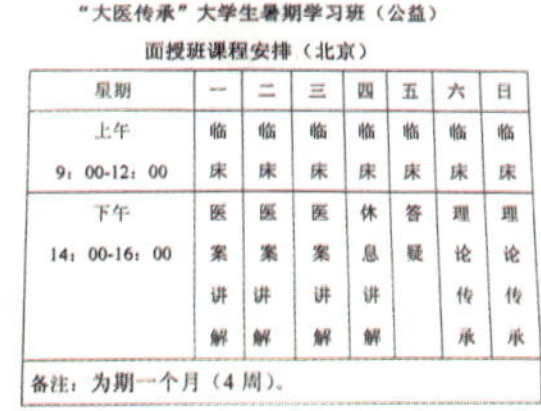

“大医传承”大学生暑期学习班（公益）

面授班课程安排（北京）

星期	一	二	三	四	五	六	日
上午 9：00-12：00	临床	临床	临床	临床	临床	临床	临床
下午 14：00-16：00	医案讲解	医案讲解	医案讲解	休息讲解	答疑	理论传承	理论传承
备注：为期一个月（4周）。							

北京培训地点：中华社会文化基金会本能论公益基金大医传承部

注：请报名参加“大医传承”面授的同学在~~6月10日~~面授之前准备一封自荐信（不少于两千字）。自荐信将提交弟子联谊会及中华社会文化基金会本能论公益基金传承部审核，审核后择选推荐通过。自荐信应包括如下内容：

1、 本能论学习及实践心得体会（《本能论》全文已在www.bnlgyjj.org上传，可免费下载）

2、 参加大医传承面授的目的与理由。

3、 参加大医传承过程中回报社会方式的具体构想。

◎“大医传承”大学生暑期学习班课程表

“大医传承”的意义

此套“大医传承”光盘，是有重要著作、临床有重大贡献的著名大医，把平生治医所得的丰富经验，无保留地口传心授，教与弟子，传承永久。

这次的“大医传承”是正值全民健康危机之时（总人口95%是不健康的），北京民间大医郭生白发愿，会同原科技部“中医发展及战略”课题组负责人贾谦教授,倡议“大医传承”文化工程行动。于2010年隆冬，84岁的郭生白老先生与70岁的贾谦教授，携弟子吴启光、周碧莲从北京南下广东、南京、南通，再回北京，联合时年九十四岁的国医大师朱良春先生、84岁的国医大师周仲瑛先生、84岁的国医大师陆广莘先生，与88岁的针灸经穴科学家祝总骧先生等六人共同发起。

2011年5月15日在北京“中国中医科学院”启动。招收面授传承学生20人，远程视频传承500人，郭生白先生以无节假日，每天上午讲授本能系统论与方法论，180分钟不歇息，使学生深受感动。

郭老一再向学生表示：医学不是商品，不是企业。医学是人类的智慧，医学是社会责任！医学是道与德的载体，不是卖钱的工具！因此，没有中西之分，没有国籍之别，是人类共享的智慧。

郭老说：本能系统中医是中医学的新发展。这是钱学森先生、陈竺都曾预言到的东西。本能系统中医做到了“大道至简”，用传统的师承、祖承的方法，只需一年便可成为全科中医，对常见病、多发病及诸慢性病，包括高血压、糖尿病及这两个病的各个并发症与肿瘤及免疫性疾病，都有从首诊守护到痊愈的能力！对于这点，参加面授的学生已经毫不怀疑其成功性。

同时，国家面临的医改大问题：“几十甚至上百倍地降低医疗成本”，必将在”大医传承“的成功中看到！这也是郭老多次在公共场所多次说过的话！

真理是在实践中看出来的，请大家拭目以待！

◎“大医传承”的意义

注:《郭生白大医传承实录》系列光盘分为两部分，上图所写文字为2011年第一部分整理后记录，随光盘一起置于包装盒内。

◎《郭生白大医传承实录》系列光盘，共计 128 讲 270 小时

往日回音

说白《伤寒论》第一讲

——梁冬对话郭生白（节选）

首次播出时间：中央人民广播电台《中国之声》，2009年5月31日23：00—24：00（注：内容有删改）

梁冬：他，出身于名医世家，家中四代行医；他，临床六十余年，通读中医经典；他，博采众家之所长，勤求古训。他，就是八十三岁的著名中医——郭生白。

左手《伤寒论》，右手儒释道，从中医看到生命自然的美丽，从哲学解开人体本能的奥秘。郭生白、梁冬和您一起探索本能，发现生命太美。

洞见思想底层，诠释中国人上古时期的生命哲学！这里是最新鲜的中国文化节目——《国学堂》，梁冬和你一起重新发现中国文化太美！

是的，重新发现中国文化太美！大家好，欢迎收听今天的《国学堂》，我是梁冬。从这一周开始我们特别邀请了郭生白老师和我们一起来分享《伤寒论》，用郭老的话来说就是“要讲《伤寒论》，必须要懂儒释道。理解中国文化有多深，才能真正理解到《伤寒论》有多深”。那为什么我们要讲《伤寒论》这一本经典呢？有两个原因，第一个就是这本书在整个中国文化、中国人的生命历程以及中医的历史上举足轻重。一直以来我们都没有找到一位真正有分量的老师来讲，终于我找到了郭老。郭老今年已经超过八十二，八十三岁了，行医六十多年，祖上四代行医，同时在20世纪80年代的时候还著过《伤寒六经求真》这本书。今天我们特别感谢郭老来到我们的现场。郭老您好！

郭生白：您好！

梁冬：郭老，请问一下您，为什么要讲《伤寒论》这本书？这本书的真正意义和价值在哪里？

郭生白：好的。我今天要用“说白”两个字给大家讲《伤寒论》。我为什么要用“说白”这两个字？因为《伤寒论》自古就是殿堂级的经典，民间很少有人懂得。在我看来，这近千年来所有的医学大家都没有把《伤寒论》的核心解释出来。我看到大家走了一条共同的路，就是以经释经，以概念来解释概念。

梁冬：用经来解释经书。

郭生白：以经典解释经典，以概念说明概念。所以“伤寒六经”总是被张冠李戴，“伤寒六经”是什么没有被真正地解释出来。我在20世纪80年代写《伤寒六经求真》的时候，力求把“六经”的核心解释出来，我也没做到。

梁冬：那您怎么知道现在您就做到了呢？

郭生白：因为我做到了，才知道我过去是没有做到的。七十岁以后我重新整理《伤寒论》，才发觉我过去也是错的。今天我想，对于《伤寒论》，我是真正地明白了。所以我要把这一部殿堂级的经典交给社会，交给全体人民，让它重回民间；让

◎ 郭生白与梁冬在录制节目中

我们所有的同胞，哪怕是初中毕业的，都知道自己这个民族有这么一部伟大的医学著作。这个不是一件小事。

梁冬：现在很多病动辄被认为是不可能治好的，糖尿病也好，癌症也好，包括心脏病……您觉得是不是《伤寒论》提供了一种不同的角度？

郭生白：这个我看来……《伤寒论》是一个什么书？我们知道老子、庄子，他们对这个民族有什么贡献？我认为他们把人与大自然如何相处这个问题解决了。那么孔孟儒家呢？儒家解决了人与人之间如何相处，如何共同生存的一个大问题。那么张仲景呢？只有张仲景的《伤寒论》对人的自身内部问题解决得非常透彻。这是任何民族都没有的。我今天讲《伤寒论》，为什么要讲《伤寒论》？中医的书籍可以说是汗牛充栋，比任何一个领域的著作都要多得多，为什么我单独提出《伤寒论》来向大家说明白？如果我们要用一句话来说明《伤寒论》是一部什么书，我只能说，它是一部临床治疗的方法系统。

梁冬：临床治疗的方法系统？

郭生白：就是医生临床治病的一个方法系统。

梁冬：那您觉得《伤寒论》和《黄帝内经》(简称《内经》)的区别在哪里？

郭生白:《内经》，我认为它是一个论文集，不是一个人的著作，是多流派、许多人的著作。它讲的是理，其中不少是人与自然的关系，人在大自然中怎么生存。用两个字说，就是人与大自然的一个“和谐”的关系。人必须认识自然规律，认识自己的生命规律，去顺应自然法则生活。《内经》是一个理论系统，是一个多元的理论系统，而不是一家之言、两家之言。

梁冬：您觉得《内经》里面有一些地方会有一点矛盾吗？

郭生白:《内经》里面并不是百分之百的精华。

梁冬：嗯？是吗？

郭生白：不是百分之百的精华。今天我们不讲《内经》，我只是回答你《内经》是一个什么书，它和《伤寒论》的区别。《伤寒论》是医生临床的一个方法系统。

梁冬：操作手册。

郭生白：我们要是学了《伤寒论》，绝对是一个好医生。您要是学了《内经》，您学得再好，我看您成不了一个能与学《伤寒论》相比的医生。

梁冬：就是说，好的《内经》学者不见得能够治病？

郭生白：对。

梁冬：但是《伤寒论》研究透了，出来就能够治病。

郭生白：那绝对是大医。

梁冬：哦……很多朋友说，较早之前他们学了《内经》的课程之后开始对中医感兴趣了，但是有没有可能自己也成为一个能够救自己、救别人的医生呢？稍事休息一下马上回来。

梁冬：左手《伤寒论》，右手儒释道。今天继续邀请我们的名老中医——八十三岁的郭生白老师和我们一起分享《伤寒论》。继续有请老师。

郭生白:《伤寒论》它是一个方法系统，这个方法系统我们怎么看？在过去，比如汉代、先秦这个年代，有一些做学问的人，他们做得多说得少，就像孔夫子说的“讷于言而敏于行”。可能是受儒家的影响，包括张仲景也没有怎么说理，他只是教你怎么做，教了一个大规矩、一个大系统，下边又有子系统，脉络非常清楚，理法非常严谨，用药非常精细，效果非常灵验……我再用十个“非常”也不足以评价《伤寒论》——太伟大了！我现在说它伟大，我一定要向大家说明白它的伟大之处在哪里——《伤寒论》的内涵、《伤寒论》的核心思想远远地超过了我们现代！就这一点，我们不能不说它太伟大了！

比如说，《伤寒论》提出了六经辨证，很多医家并没有真正理解六经辨证。为什么我说没有真正理解呢？对于前人这么多大家，我是不是有点失敬呢？我不是！我非常尊敬这些先师们，没有他们就没有我们，但是在学术的评价上，是不能以在尊敬下头不说真话的！如果把伤寒六经的核心思想真正理解了，那么八纲辨证、脏腑辨证、经络辨证就没有必要再出来。以至于清代又多了一个三焦辨证，叶天士又提出来一个卫气营血辨证，后来又有一个人搞了一个三因辨证。为什么有七个辨证法啊？我认为就是因为六经辨证法没有彻底弄明白，后面就跟着又建立了六个辨证法。

梁冬：对不起，师父，我想请问一下，因为有好多朋友没有这个基础，您能不能先解释一下什么叫“辨证”？

郭生白：辨证是中医看病的一种提法，最初这两个字是由张仲景提出来的。

梁冬：是哪两个字？哪个“辨”哪个“证”？

郭生白：是“辨别”的“辨”，“证据”的“证”。后来又有人写一个“疒”一个“正”字，这个“症”叫一个病的症状。汉代的《伤寒论》上是“证据”的“证”。

梁冬：这两个“症（证）”不一样吗？

郭生白：这两个“症（证）”不一样，你别管哪个“症（证）”，它的意义就在这儿。

梁冬：它们两个通的吗？

郭生白：它们两个不通。不通，但是人们习惯这么用，不能说谁用错了谁用对了。等以后我们把这个“症（证）”看明白了，这个“症（证）”就不存在这个区别了。我说这个“辨症”就是“思辨”这个“症状”，就是思辨这个人的表现。

梁冬：现在西方医学都讲抽血、化验啊……是从微观来看，而这个“辨症”是中国古代的辨证，是看有没有流汗啊，冷不冷啊，脸色怎么样……就可以辨别肚子里面的东西对不对？

郭生白：这个我得从最基本的观念说起。中医看病，它站在什么位置上看？中医看病是以人为本位，站在人的体能本位上看病；西方医学是站在物质本位上看病。我们可以说一个具体的例子，比如流行性感冒。在中医来看，这个人感冒了。感冒了以后怎么了？产生了一些症状。症状是从哪儿来的？这个症状说明了什么？中医看这些症状是看这个人的体能发生了什么变化。对于这个病理，张仲景说：“太阳之为病……”

梁冬：哪个“为”？

郭生白：“因为”的“为”。

梁冬：之所以称为病。

郭生白："太阳之为病"怎么讲？"太阳"的含义是什么？它还有一个"少阳"，还有一个"阳明"。中医把一个"阳"分成了三个，"阴"也分成了三个。阴和阳是不能离开的，说阳病和阴病是在一个人上说的。阳病是外源性疾病，阴病是内源性疾病。外源性疾病是外界的致病生物，比如细菌或者病毒进入人体引起的，这时人体有一个功能，就是排异。排异能力——异物、异己的东西要把它排出去，这是人体做出的一个本能反应。那么中医治病，是看这个本能反应的方向趋于哪里。如果它趋向汗腺，那么你看人体发热，外周血管充血，全身颤抖，肌肉颤抖，干吗？制造体温，完全是为发汗做准备，然后汗腺张开、分泌，汗出来，病好了。

从这一个例子你就看到了所有外源性疾病的理——人体发生排异本能反应。这个是从排汗把致病物排出来，还有的从大便排，有的从呕吐排，有的从小便排，有的从出血排……完全是人体根据本能对外来的异物做出来的反应。这个反应的趋势是哪里，医生就顺势利导把它排出来。

梁冬：所以您刚才讲的发热这些，在中医看来，在《伤寒论》看来，它是一个过程，但是可能西医看发热它就是一个病，所以就认为除病就要把热退下来。

梁冬：重新发现中国文化太美！大家好，继续回到《国学堂》。刚才郭老和我们讲到以流行性感冒为例，《伤寒论》是怎么来看这个病的，当然您刚才还没有讲完。郭老，中医和西医是怎么看流行性感冒的？

郭生白：西方医学在这一点上，我认为它是从物质本位来看病的。

梁冬：中医是从人体本能来看病的？

郭生白：中医是从人体体能本位来看病的。这一点是有区别的，东方文化和西方文化的区别。我们现在并不是说哪一个优哪一个劣，只是说这两个的区别。

梁冬：您刚才没有讲西医怎么从病的角度来看，这个跟那个有什么区别。

郭生白：它是从这个物质本位来看。比如说感冒，你是哪一种感冒，哪一种病毒，哪一种细菌，而且还跟踪这个病菌有什么变异，西医对于致病物质看得非常精细。但是西医是对抗的，西医只有认识了这个致病物质、这个生物体以后，才能发明一种药去杀死它，或者去抑制它，所以西医要走到致病物质的后面。中医不是，它不从微观上认识致病物，而是从体能上认识——人体自己的体能对于外来的异物做出什么反应，以体能为本位把它排出去。

梁冬：你甭管它是什么……

郭生白：它以不变应万变，它不管这个病毒有什么变异，一概不管。我杀死你？我也不杀死你，我杀不死你。中医认为宇宙万物是共生关系，谁也消灭不了谁，如果有一个被消灭就会引起一场混乱……所以它是在一个和谐的理念上，在共生、共处、共荣的一个理念上，对待疾病也是这样，这是中医和西医的不同。

梁冬：那这样的话，西医一直在对抗，等病毒变异了以后再发明新的？

郭生白：我认为，西医学是对抗医学，中医学是和谐医学。

梁冬：这是两种哲学观的不一样。

郭生白：这是两种哲学观的不一样，导致了两个体系的方法不同。一个用无限分割的方法去看世界，看生命；一个用无限整合的方法去看世界，看生命。最后，一个是对抗，一个是和谐；一个是无限分割，一个是无限整合；一个是微观，一个是宏观。

梁冬：说回来刚才东西方医学和哲学的差别。

郭生白：东西方的哲学是不一样的。西方人对大自然是征服的态度，改造、征服中间必然要取代它。中国人不是，中国人从大禹治水就明白了大自然只能顺应，自然的规律只能顺应，不可违背，违背必受很大的惩罚，那代价太大了。所以东西方文化最根本的差异导致了两种医学：一个是微观的，一个是宏观的；一个用分割的方法，一个用整合的方法；一个是用对抗的，一个是用和谐的。

但是，这个归结是不同的。这一点我不想现在说，我想在解读《伤寒论》的时候把这件事情说明白。我可以先举一个小例子，2003 年的 SARS（严重急性呼吸综合征），邓铁涛老兄治了五十多例，患者都痊愈了，没有后遗症，就这一点就说明中医这个和谐的方法比对抗的方法要好一些。

梁冬：那您怎么看最近的猪流感？

郭生白：我认为猪流感并不可怕，不过就是一个流行性感冒，病毒来了以后排出去就完了。我从来没有怕过传染病，我二十几岁时就治传染病，像麻疹、脑炎、猩红热……我每年不知道治多少例。现在我才明白，我那时候就是用了排出去的方法，但那时候我不知道，我是怎么学就怎么做。

梁冬：反正《伤寒论》上怎么说就怎么用。

郭生白：我也说不出理来，但今天我能说出理来了。今天我要向大家“说白”《伤寒论》，就是要说中医治病的道理，把这个道理还到民间去。我想这是从民间来的，没有老百姓什么都没有了。

现在，高血压、心脑血管病、糖尿病、肿瘤……逐年发病人数递增，这些病被认为只能终身服药，这是最可悲的一个问题。大家看一看国家的统计数字，现在这几个慢性病死了多少人？我看了这些数字，实在是触目惊心啊！而且它是每年递增的！十年以后什么样啊？怎么办呢，这个问题？现在不光是中国，全世界都面临着这个问题，我认为这是一个健康危机。

梁冬：郭老，咱们稍微平复一下情绪，休息一下，继续回来。

梁冬：重新发现中国文化太美！有请郭生白老先生继续和我们一起分享关于人体生命健康的话题。

郭生白：我发现高血压、冠心病几千块钱就能治愈，不是终身服药。

梁冬：您是有这样的病例对不对？

郭生白：我有很多这种病例，如果现在给我一个平台，我可以把这个百分数让大家看到。糖尿病也不过一万到一万几千块钱就能治愈，所有的药，包括胰岛素都停掉，恢复健康。肿瘤用不着做手术就可以排出去，就是用中医排异的方法。

梁冬：您说肿瘤可以排出体外？

郭生白：一定能排出体外。

梁冬：怎么叫排出体外？这是什么概念？

郭生白：比如说，这个人有息肉、囊肿、脂肪瘤、肌瘤、腺体瘤……我不管有哪一种，也不论它生长在什么地方，就用中药，用自主排异的方法——人体就有这个本能，与生俱来的本能，把身体里的异物排出去。

我们帮助患者激发他自身排异的本能，就是帮助一下，仍然是顺势利导，把肿瘤溶解掉，排出去。

梁冬：通过什么管道呢？

郭生白：现在对于这个问题只是一个臆说，我没有平台在化验室去实践、去验证它，但是我看见这个肿瘤从有到没有了。我不能等着我证明了以后再治。我的这个臆说，我认为人产生肿瘤的机制是什么？一个是循环障碍，一个是内分泌障碍，还有一个是代谢障碍。把肿瘤排出去需要把循环障碍疏通了，把内分泌障碍疏通了，把代谢障碍疏通了。当排异系统通畅了，人体就会分泌出生化酶，什么性质的肿瘤就有什么性质的生化酶去把它溶解掉。比如说，溶脂酶、溶肌酶之类，这一点不多说。

梁冬：咱们多讲讲……听众朋友中肥胖的人很多，您讲讲肥胖的本质是什么？

郭生白：实际上这是一个问题，循环系统、内分泌系统、代谢系统，这三个系统能把肿瘤排出去，也能治肥胖。

梁冬：您说的不是您的药，是人身体本身有这个能力？

郭生白：人本身就有这个能力，它叫本能。但是本能这个系统由于一些组织功能发生障碍了，这时候就用中医去看障碍在哪里，然后提供帮助把它疏通开。疏通开后，肥胖者体重减轻了，体力提升了，或者瘦人体重增加了，体力也提升了。有脂肪瘤的，脂肪瘤没有了；有脂肪肝的，脂肪肝没有了……这是因为脂肪代谢正常了，全身所有关于脂肪代谢的障碍都扫除了，这是中医。

这个东西不是和《伤寒论》无关，这是从《伤寒论》里解读出来的。我从《伤寒论》里解读出了“本能论”，“本能论”又把这些问题解决了。《伤寒论》里没有治肿瘤、治糖尿病的方法，治冠心病的方法也没有，但是《伤寒论》里有一个系统——本能系统。本能系统是对《伤寒论》的发展。

梁冬：我想请问一下，为什么现代各种慢性病、恶性病在《伤寒论》里面没有解释，也没有方法呢？是因为那个时候的人就不得这种病呢，还是把这部分给丢了呢？

郭生白：这不光是医学的问题，你看在古代，中国的冶金术也没留下方法和理论。

梁冬：冶金术，就是“冶炼”的“冶”，“金属”的“金”，“冶金术”。

郭生白：对啊，那吴王剑多锋利啊，留下方法了吗？

梁冬：没有。

郭生白：很多东西都是有其物，并没有留下理论，这是中国古代文化的一个特点。

梁冬：您觉得这个原因是什么呢？

郭生白：这个原因是什么，我也只能是臆测，证据拿不出来。

梁冬：那您就臆测一下吧。

郭生白：臆测一下，儒家说君子“讷于言而敏于行”，让你多做，把好事做了就行了，好像说不说没有什么关系。你看，哪个都是这样。而且它还有一个不好的地方——“述而不作”。“作”是创作，“述”是说别人的东西。那个时代认为这是一种美德啊——我不承认这个是美德。但是“讷于言而敏于行”就有这么一个结果。你看《伤寒论》,《伤寒论》没有道理吗？不是。它既然是有一个法，法是从哪儿来的？法是从理来的。理是从哪儿来的？是从道来的。那道是什么啊？仔细一想，这叫溯源，看源头是什么。源头是道，道是什么啊？我们必须回到我们中国人儒家、道家、释家，一个共同的东西是和谐。和谐从哪儿来？从“天人合一”来。

梁冬：说到这个地方，我觉得慢慢接触到一些更意识形态和更高深的东西了。稍事休息一下，马上回来和大家阐述，法从理来，理从道来，道从哪里来。

梁冬：重新发现中国文化太美。刚才郭老讲到《伤寒论》，讲到很多的方法，讲到很多的理，但是这些法和理从哪里来呢？是从道里来。那么道又从哪里来呢，郭老？

郭生白：这个方法，这个方，方剂，从法来；方法是从理来；理是从道来。那么道从哪里来呢？从“天人合一”来。“天人合一”是东方人的一个无限整合，宇宙万物一体。那么人呢？人就在其中。可是人中也有一个道，这个道是什么啊？是规律。什么规律呢？这个规律就是生与死。生是什么？阴阳合德。阴、阳，两个物质、两个属性，合起来就是生命。阴物质有形，有色有体，有质；阳物质无形，无色无体，只是一种动力。

梁冬：动能。

郭生白：这个动能也可以说是能动。

梁冬：能动。

郭生白：能动你看不见，因为它必须附在物体上。这个物体一动，你才看见——哦，生命！如果这个物体没有能动，你看到的只是一个物质。

梁冬：我可不可以这样举一个例子？我理解啊，一辆汽车它有轴承，有机械，有油。有这些东西，它停在那儿，这些东西都称为阴。你一点火把它打着了，它因为有了能量，开始驱动了，它能走了，就是阳。但是这个阳是附着在这个车上的，车走你才看得见，要不然就看不见，是这个意思吗？

郭生白：是这样。

梁冬：这就是阴和阳，对不对？

郭生白：对，是这样。但是汽车啊，机械和生命不一样。这个生命，它有生命的特性。一旦阴阳这两个属性合起来以后，生命就开始了。这个动呢，可以制造它需要的物质。

梁冬：这个很重要。

郭生白：这个物质又产生了能动，能动又产生物质，物质又产生能动……这叫什么？中国人叫“阴阳互根”，互为根本。阳的根在阴，阴的根在阳，这是生命。

梁冬：所以人和车是不一样的。

郭生白：车是要人加上油，发动着，它就走，油没了它就不走了。人不是，人一旦合成，几十年、一百年、一百多年……要是不去伤害他，也许会二百年。这是人和机械的不一样。

大自然的生和死，是阴阳合德而生，阴阳离决就死。你看这个物质，不动了就死了，没有动能了不就死了吗？它也不制造它需要的物质了。所以宇宙万物是和谐的。万物的生存依靠什么呢？它是互相依赖才能生存的。看看大自然中的万物，羊吃草，牛吃草，狼吃羊，还有其他猛兽吃狼；草没有了，羊死了，那么狼也死了。万物是共生的关系。我说，这是一个相互依赖而生存的状态，它是动态的，是活动着的，天天在动，这是第一个运动。

梁冬：这个东西叫道。

郭生白：对，这就是道。再一个，光是依赖不行，没有制约不行。没有制约，这个羊越来越多，把草根都吃掉了。草没有了，羊死了，羊也没有了。如果要生存，必须有一个制约。你看万物都是相互制约的，制约到什么程度？均势！势力差不多，平均。一旦不平均它就要变化，总有一个动态的平衡，这是第二个运动。

第三个运动，是相互变化而常新。你看，每年的花和草都不一样，每年的人也不一样。相互变化而常新，这是宇宙万物的一个运动。

还有一个，终始嗣续而永恒。一个物体要永恒存在，它必须有终始嗣续。

梁冬：哪几个字？

郭生白："始终"的"终始"。"嗣"，"子嗣"，当"后代"讲的那个"嗣"。"续"，"继续"。就是父生子，子生孙，孙又生子，终始嗣续，永恒存在。

当然，还有刚才说过的那个阴阳离合而生杀。宇宙万物有五个运动，这五个运动就是五行。

金、木、水、火、土是后来人说的，他愿意怎么解释随便。但是我希望凡是说一个理论，这个理论一定是对人类有好处的，一定能够验证是真的。你说红豆补心，你用红豆补心给大家看看，真能补心，那好，你这个理论是真实的。

梁冬："补心"就是心脏的"心"？

郭生白：心脏的"心"，心肝脾肺肾，心是红的，肺是白的，脾是黄的，肾是黑的。五脏、五色、五果、五味、五蔬……什么都是五。用五种物质去解释世界，解释不好。我的《阴阳五行新解》是用五种运动去解释世界，解释人体。那么对于这些病，比如糖尿病、高血压、冠心病、肿瘤……也可以用这五行、五种运动去解释。

梁冬：但是您又不是很机械地看待它，是吧？这个五行就是五个运动而已，它不能代表……

郭生白：机械的东西，不是生命。刚才你说的汽车，再怎么好，它也不是生命，它是机械。人，多么大的人，多么小的人，从总统到乞丐都是一样的——生命。生命有天人合一的和谐，阴阳五行的均势。

梁冬："平均"的"均"，"势力"的"势"。

郭生白："势力"的"势"。阴阳五行，因为它是动，它是行，我们要用"势"；它要是物质，我们可以用"均"；它要是有重量的东西，我们可以用"衡"。因为它是运动，我们最好是说"均势"。这是阴阳五行。用天人合一的和谐理念、阴阳五行的均势思维去认识生命规律，顺应生命法则，保护生命，完善生命，这是中医。如果不是在这个思维里，不是在这个行为里，那就不是中医。这是我对中医的一个界定。假设有一个中医给一个女人吃换胎药，那么这一位算不算中医？

梁冬：换胎药？

郭生白：换胎药，我把这个胎换成男的。

梁冬：就是本来怀的女孩，吃了这个药就换成男孩了？

郭生白：本来怀的什么不知道，他给人吃药让人生男孩，他算中医不？

梁冬：他用的中药吗？

郭生白：他用中药，也四诊八纲，但我说他不是中医。

梁冬：为什么？

郭生白：他违背了生命规律，怎么算中医啊？这个合乎宇宙万物的和谐理念吗？她怀了什么孩子就应该生什么孩子，你干吗给她换了？你要改造自然啊？中医没有想改造自然的，都是顺应的，对不对？再说，这能换吗？你这不是骗人吗？所以，在当今这个社会上，有人把这些乌七八糟的东西放在中医这个筐里头，干吗呀？中医是这样吗？我反对这个做法，一些骗子也算中医？但是中医要有一个界定。什么是中医？刚才我说的，一定是用天人合一的和谐理念、阴阳五行的均势思维去认识生命规律，顺应生命法则，去保护生命、完善生命。这是我对中医的界定。

梁冬：好了，非常感谢郭老今天晚上和我们分享了一些关于《伤寒论》和中医之道的基础知识。可能有一些朋友听起来觉得还有一点点不懂，我的观念是这样的，因为我跟郭老已经接触过好多次，我的经验是这样的，听不懂没有关系，慢慢听，有那么一两个月，慢慢你就理解了，你就会发现你像少林弟子一样，刚开始是绑着沙袋跑，跑着跑着有一天你突然就觉得健步如飞，把沙袋去掉，你就能飞檐走壁了。所以，花一点点耐心去理解。郭老讲的，什么叫作生命？为什么汽车不是生命？因为它不能够阴阳互根，动能不能转换为物质，但是我们人体的动能是可以转换为物质的，这就是生命和汽车的最大区别。好了，感谢郭老今天晚上和我们一起分享！我们期待在下一周聆听郭老的分享。谢谢！谢谢郭老！

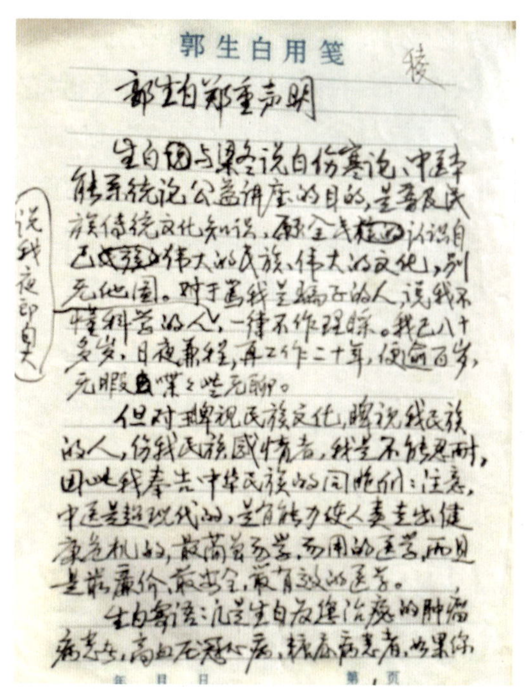
郭生白用笺

郭生白郑重声明

生白与梁冬说白伤寒论、中医本能系统论公益讲座的目的，是普及民族传统文化知识，愿全民认识自己伟大的民族、伟大的文化，别无他图。对于骂我是骗子的人，说我不懂科学的人，说我夜郎自大，一律不作理睬。我已八十多岁，日夜兼程，再工作二十年，便逾百岁，无暇喋喋些无聊。

但对睥视民族文化，睥视我民族的人，伤我民族感情者，我是不能忍耐，因此我奉告中华民族的同胞们：注意，中医是超现代的，是有能力使人类走出健康危机的，最简单易学、易用的医学，而且是最廉价、最安全、最有效的医学。

生白奉告：凡是生白发律治疗的肿瘤病患者，高血压糖尿病、……患者，如果你

年 月 日 第 页

注:《说白〈伤寒论〉——梁冬对话郭生白》自2009年5月31日开播，共计五讲，节目播出后引起强烈反响，很多人从这里开始了解了郭生白先生。先生的直言、敢言，对天下苍生的责任感，让人心生敬佩。但也因为其对生命科学的超前认识，与西医学，与人们固有认知的不同，而遭到了不少非议与诽谤。先生曾书声明一则，但未对外发表。声明部分原文如下：

郭生白郑重声明

生白与梁冬《说白〈伤寒论〉》中医本能系统论公益讲座的目的，是普及民族传统文化知识，愿全民认识自己伟大的民族、伟大的文化，别无他图。对于骂我是骗子的人，说我不懂科学、说我夜郎自大的人，一律不作理睬。我已八十多岁，日夜兼程，再工作二十年，便逾百岁，无暇喋喋些无聊。

但对睥视民族文化，睥视我民族的人，伤我民族感情者，我是不能忍耐（的），因此，我奉告中华民族的同胞们：注意，中医是超现代的，是有能力使人类走出健康危机的，最简单易学、易用的医学，而且是最廉价、最安全、最有效的医学……

生命本能的奥秘

——梁冬对话蒋晔、郭生白（节选）

播出时间：旅游卫视，2010年10月30日23:00—23:30（注：内容有删改）

梁冬：重新发现中国文化太美，大家好！欢迎收看《国学堂》。我是梁冬。延续前两周的这个话题，我们聊到一个问题，就是说在四大文明古国里面，古巴比伦、古埃及和古印度，为什么都有“古”？而为什么中国却不叫古中国，一直叫中国呢？

我们请到了中华社会文化发展基金会副秘书长以及历史学者蒋晔老师，和我们分享一个观念。他认为，我们这个民族、这个国家能够长存下来，逢凶化吉，有三个最重要的原因。第一个原因就是《易经》带给我们每一个中国人生存的智慧，我们面对变化的时候保持了某种包容性，保持了以不变应万变的心态，同时拥抱变化，这是《易经》。第二个原因是和汉字有关。我们整个中华民族不同方言区的人们可以通过汉字来交流，这样大家不会因为语言的不同而形成不同的思想体系，最后能够牢牢地团结在一起。经过历史的沿革，今天我们国家仍然没有分裂，作为一个统一的大国仍存在，是有原因的。当然另外一个原因，就是和中医有关。试想在西医传入中国之前，中国历经了那么多次大的瘟疫，而这个民族的人们却能够永远地繁衍不息，显然是拜中医所赐。

由于我和蒋晔秘书长都不是中医，所以我们特意请来了老先生——郭生白，八十四岁的老中医，和我们一起分享中医是如何救了中国的命，以及救了中国人的命的。

那郭老我想请问您一个问题，就是说，为什么中医能够在西医传入中国之前，把中国人的生活、生命延续得这么好？

郭生白：中医它是一种道，它不是术。中医和中国的道家、儒家这三家……

梁冬：儒、释、道三家。

郭生白：不是释，我讲的是本土的，道家、儒家、医家。为什么把“医”作为一家来说呢？在过去没听有人这么排列过，我今天这样排列它，并不是因为我是中医，而是因它所应该有的地位来讲。为什么这么讲？第一个我说道家。道家是一个文化体系，来自《易经》，《易经》来自天人合一，这是一脉相承的，道家的文化解决了人与大自然的和谐关系问题。儒家也是来自天人合一和《易经》的和谐理念，它讲的是人与人之间的和谐文化，当然人与人之间就包括了人与社会，这个是不用解释的。

梁冬：就是道家解决了人与大自然的和谐，儒家解决的是人与人的和谐。

郭生白：对。医家呢，讲的是人与自己的和谐。

◎ 节目录制现场，左起：蒋晔、郭生白、梁冬

梁冬：哦，在这里。

郭生白：所以我说中华文化三大体系是道、儒、医。

梁冬：哦，人和自己的和谐。您刚才讲的天人合一，什么叫天人合一啊？

郭生白：我用今天的话说，就是宇宙万物是一个整体。

梁冬：天人合一用今天的话说，就是宇宙万物犹如无线移动通信，虽然没有明线连接，但却是一个整体，中医所顺应的天人合一，即万物之间的同频共振。这样的观念是如何支持中医，保佑我们的国运长存，令中华民族没有断绝的呢？

郭生白：我说中医的起点是最高的，是从大自然的规律中提炼的。它从这种观念里产生了什么？刚才我说的，就是五行。五行是什么？你看那个“行”，“行”在甲骨文，这是一条腿，脚、胫骨，两条腿，所以它叫行，一前一后在行。五行就是五种运动，五行是万物生存最根本的依据，这是“一”，天人合一。既然宇宙万物都是合一的，人也在其中，人离开了植物能不能生存？离开了水能不能生存？离开哪一个能生存？我们知道人是与万物相依赖而生存的。

梁冬：对啊，您讲的这个还是回到了我刚才的问题。

郭生白：我就要讲到合一。它为什么要合一？它不合一行不行？不行。这个宇宙一开始就是一个整体，可是我们把它分开了。我们怎么把它分开了？比如说，人就是人，我们把它分开了，男人、女人；一天本来就是一个，我们把它分成了日和夜，对不对？

梁冬：这个东西叫科学嘛，科学就是分科学习，你必须把它分成不同的条目，这样的话才能好好学习，对不对？这就是科学的……

郭生白：这是我们观察大自然来的。合一性从哪儿开始？没有合一就没有生命。你看男人和女人合一，这是一生二，二生三，生出来了一个三啊。三又是一个一，它又有一个二，合一，合一又生出来了一个三。无数个三就是万物，三生万物。

梁冬：所以这是中医的精神。

郭生白：它怎么就合一了呢？大自然给它一种能，要是不合一它就难受。

梁冬：终于讲到这里了，我觉得郭老刚才讲到一个话题，他说大自然给了我们一种能，它不去合一的时候——它本来是合一的，后来被分开了，它还要合一，它本身就是一个生命的本能，而这种能呢，就是中医所秉承的思想。

梁冬：重新发现中国文化太美！大家好！欢迎继续回到《国学堂》。我是梁冬。今天有请的是中华社会文化发展基金会的蒋晔副秘书长，以及八十四岁的老中医、“本能论”的提出者——郭生白老先生。

郭老，刚才在我们上一部分的时候提到了一个话题，说到这个生命它有一个很有趣的本能——本来它是一体的，后来被我们从观念上分成了男人和女人，但是就算这么一分，仍然有一个本能时时刻刻要让它重新回成一体，重新结合成一体，只有它重新结合之后才能生出三，这就是整个。于是您用了“能”这个字。我觉得很有意思，就是说你不去花这么多时间琢磨这个汉字的时候，你觉得就一带而过；你认真一琢磨吧，你觉得它是由天赋而来的，不需要学习也不需要激发，什么都不需要就会出来的东西，这个东西叫本能。

郭生白：这个合一性是万物的第一个本能。这个本能就是阴阳本来就是合一的，分开就是死亡，合一就是生命，所以在五行当中有这么一类运动，叫阴阳离合而生杀。阴和阳要是离开就是死亡，要是合起来就是生命，这是第一个五行运动。这也是中医的核心，为什么是中医的核心呢？刚才我谈到了本能。人，怎么来的？怎么去的？从出生到死亡，这个自然过程是多长？这个过程是怎么着走过去的？为什么有夭亡？为什么有一百几十岁的长寿？……所以这里面有很多的问题。

人一生下来为什么能生存？他有一个自我保护的系统，这就是本能。因为不是学来的，不是借来的，不是谁恩施给你的，是我们从母亲的腹中生出来，甚至于生出来之前的那一段时间就已经有了这个本能——保护自己的本能。按我的话说是人类本自有一个防病愈病的本能系统，所以我们才能活着。为什么夭亡？本能系统发生了障碍，没有得到帮助。

梁冬：为什么有的人长寿百年，有的人年少夭亡？人有自我保护的系统，这就是本能。根据“本能系统论”，该如何定义中医呢？

郭生白：中医是什么？我好说。那么什么是中医呢？

梁冬：这两个有区别吗？

郭生白：太有区别了。我问问你，中医发展到今天，从两千多年前到今天，很多仁人志士在探索如何保护生命、如何完善生命，这些先生们都见仁见智，在各方面探索，出现了许多流派。学医的都知道，不学医的也有人知道，中医有七个辨证法，至少这是七个流派。那么就拿当前来说，我们找三个或者五个医生看同一个人的同一个病，开出也许三张或者五张不同的方子，有三个或者五个不同的说法。哪一个是中医？哪一个不是中医？

梁冬：这是很多人批评中医的——自己都搞不定，自己都不能统一。

郭生白：对了，所以中医因为这一点不被人理解，让人诟病了好多年，甚至说：你们中医啊，你知道你怎么治病吗？回答不了。你知道你怎么就把病治好了吗？还是回答不了。你说我怎么着尊敬你啊？我看见了，那西方医学拿出刀子来，一刀子就把肚子剖开了，“噌”一刀就把大瘤子拿下来了，搁桌子上，“你看你这大瘤子”。——这是科学？我说这是技术。

梁冬：这是科学技术嘛。

郭生白：那么谁是中医，谁不是中医啊？所以我说，在讲中医是什么以前，我先讲什么是中医。什么是中医？今天我来试试，说一个中医的界定：认识生命规律，顺应生命规律，完善生命，这是中医。

梁冬：根据本能系统，中医是顺应生命、完善生命的医学。那么，中医如何看待病毒呢？中医治疗的核心思想和理念是什么呢？

重新发现中国文化太美！大家好，欢迎继续回到《国学堂》，继续和蒋晔副秘书长、郭生白老先生一起聊这个话题。

刚才郭老讲到说，中医必须尊重天人合一的精神，这样才能真正地治好病。可能一个老先生通过那么多年的实践，才发现的确如此。您能不能举几个例子，来讲清楚中医的精神本质是什么？

郭生白：我可以讲例子，讲例子是最简单、最好明白的。2003年，邓铁涛先生在广州治了五十多例SARS，效果如何，举世皆知，用不着我重复。

梁冬：当时邓老他们用纯中医的方法治SARS，是零死亡率、零医护人员感染率、零转院率。而在同一时间，香港地区的技术非常发达，用西药抗生素，但一些医生牺牲了，患者死亡率也很高。所以很多人就开始说，为什么中医能够面对这些突然而来的、以前都不知道是什么样的、让人恐惧的病，能够有这样的效果呢？

郭生白：很多的人说，为什么中医不杀菌、不抗病毒，就能治好细菌性、病毒性传染病呢？

梁冬：您怎么回答呢？

郭生白：我们对待病毒，对待细菌，不是杀死它，而是采取一种和谐的态度。不受欢迎的客人，你到我体内来了，我不欢迎你。你在我周围组织，我就出汗让你出去；你在我内部组织，我就排大便让你出去；你给我结成一个大包或大疙瘩，我就用破血的方法把你排出去。我称之为排异——排异是个新说法。

梁冬：所以就是说，因为思路不一样，不管它是什么变种的病毒，不管它的名称是什么，这些都不重要，重要的是这个策略，让它离开你就好了——它去哪里无所谓，也不用杀死它。

郭生白：我们人类本来就有这么一个排异系统保护着我们，活一百年，活一百二十年、一百三十年，是这个系统保护了我们——让外面有害的东西不能进来，进来就让它出去，把它排出去。我们身体内有一些有害的东西，比如肿瘤，把它溶解了排出去，身体就好了。

梁冬：是人身体本来就有这么一个系统。

郭生白：本能，它就是本能嘛。

梁冬：那我就想问蒋副秘书长，刚才您听到郭老在讲这个话题的时候，您觉得中医是怎么保护了这个民族，使之绵绵不休的呢？

蒋晔：刚才郭老谈到的本能论特别重要，它为什么重要呢？因为中医来源于《易经》，《易经》就是天人合一的思想。中医是不杀、不抗、不战，是不战而屈人之兵，不杀而让病菌屈服。正是因为中医的这个思想，它走的是一个和谐协调的道路，遇到小病自我调节，本能调节；遇到大病，医生去帮助患者的本能，然后再本能自我调节。

在中国历史上，出现过多次兵变。

郭生白：中国有记载的，东汉连年战争，大家都知道，战争之后必有凶年，就是有传染病流行。在东汉建安年代，流行的传染病就是伤寒，死人很多。但是由于中医的高起点，中医的核心思想是符合生命规律的，于是就催生了《伤寒论》。《伤寒论》不但解决了东汉的传染病，它流传下来，历代的传染病都在《伤寒论》的一套方法系统中被消灭了。什么方法系统？汗、吐、下、和、温、清……解释一下，就是出汗，用出汗来治病，用通大便来治病，用利小便来治病，用吐来治病……

梁冬：稍微休息一下，马上继续回来，和郭老谈谈他的《本能论》。

梁冬：东汉末年，伤寒肆虐，催生了《伤寒论》，为后世中医留下了汗、吐、下、和、温、清这些调整生命的方法。这些方法是怎样帮助国人以最低的成本维持最长久的健康的？对现代人的养生又有什么样的启示？

重新发现中国文化太美！大家好，欢迎回到《国学堂》，我是梁冬。

刚才讲到一个问题，就是说一直以来，中国人在面对各种疾病，流行病也好，各种慢性病也好，都用中医的方法去调整，成本不是很高。银针草药，其实总体来说成本不是很高，但是它维持了这么大一个民族、这么多人、这么长时间的种族延续。现在我们可以看到，全世界所有的政府都背上了一个非常沉重的包袱，就是所谓的“医疗包袱”。其实这对于个人来说也是一样的，大部分的老百姓，现在最担心的事情就是得了病之后看不好。

郭生白：我们现在大多数人是亚健康，20% 的人有慢性病，高血压、心脑血管病、糖尿病、肿瘤等等，大部分慢性病都终身服药。为什么越发展，终身服药的病还越多了呢？

梁冬：那您为什么到了八十多岁精神还那么好呢？

郭生白：我不能死！

梁冬：这就是我们上次提到的话题，当你心中有大的梦想的时候，八十多岁了你觉得还没开始干呢。

蒋晔：这就是上一次说的那个话题。

郭生白：我还不能死！下一个星期，我的《本能论》就出版了（注:《本能论》于 2010 年 9 月出版，录制该节目时还未出版），我想让大家知道《本能论》是个什么书。《本能论》是我们人类认识自己的一个书。我们看一看，我们自己有什么能力。书里有这么一句话：人类自有防病愈病的本能系统，因为我们不认识，反而去求助于毒药与割肉的刀，又造成了医源性疾病、药源性疾病，这绝不是人类的智慧！

梁冬：所谓的医源性疾病、药源性疾病，我补充一下，就是本来不是很大的病，由于吃了很多不应该吃的药，或者由于做了不应该做的手术之后产生了新的疾病。天下本无事，庸人自扰之。

郭生白：对。

梁冬：人类自有防病愈病的本能系统，但是我们却因为忽视它，而被医源性疾病和药源性疾病侵害。所谓的医源性疾病和药源性疾病，是因不当医疗和用药而产生的新的疾病。我们每一个现代人面临的健康危机源自何处？这和文明有何关系？又该怎样解决呢？

蒋副秘书长，您能不能最后为我们总结一下？刚才郭老提出来，郭老认为的中医就是尊重人的本能，让医和药帮助人重新建立自己的防御体系，恢复自己的排异能力，恢复自己的生长能力、复原能力……所有这些东西，当你能够尊重它的时候，你就是一个好的中医。这种精神来自《易经》，来自中国文化的精髓。那么我们今天总结一下，《易经》加汉字加本能——以尊重人的本能为主的中医体系，构成了我们中华民族的护身符。而这个护身符，如果我们意识到它，它就能帮助我们；如果意识不到它，它就帮不了我们。

蒋晔：其实在中国的历史上，我们经历的灾难很多！比如在1840年之后，我们中华民族的这三个护身符受到了很多挑战，按照梁启超的观点来说，是几千年来未有之变局。但是，无论它是怎么样的变局，中华文明的特征就是郭老刚才说的问题，它是天人合一的最高智慧。我们迷茫了，我们只不过是在历史的一个阶段当中迷茫了而已，最后救我们中华民族的还是这三大护身符。那么怎么救？我们要有自信，我们中华民族的这三个护身符已迷失一百多年了，不要害怕，历史上这种事情多了，所以中华民族的三个护身符越来越显示出它的强大作用。那么最终谁救中医？我们中国人自己没有问题。对于中华文明三个护身符的作用，我充满信心。

梁冬：《易经》、汉字和尊重人类本能的中医，构成了中华民族的护身符。由于它们的保佑，几千年来，无论遇到怎样的变局，中华民族都可以逢凶化吉，种族延绵。随着经济的发展，中国文化的复兴指日可待，而文化的复兴最终需要国人对我们的传统文化重拾信心。

在连续三期节目探讨下来之后，其实我也获得了很多的信心。在中国的发展过程当中，并不是只有今天这样，才出现了所谓的文化危机。而当今的中国随着经济的发展，下一步文化的复兴指日可待。但是什么叫作文化的复兴？大家知道，文化的复兴并不是往外走，最终还是往内走。比如西方的文艺复兴，复兴是对他们曾经有的、达到一定高度的重新认识和学习。只有建立在过去深厚的基础上，才能够真正做到推陈出新。没有古老的文化做积淀的创新，是不能持久的！

好了，感谢两位老师在今天的节目中和大家分享了关于中国智慧和全球人类智慧的话题。也许，它会显得不那么娱乐化，但是我相信这期节目放到五年、十年甚至二十年之后，你会觉得它是有价值的！也谢谢旅游卫视让我们播出了这期节目！谢谢，谢谢大家！

先生思想

手稿赏析

中医发展到成熟阶段是「人人都知医，天下無枉死，有病自家治，大病可商量。」到中医发展到高度成熟时，「天下無医，生民无病」。中医发展是由兴而盛，由盛而消灭自己。到無醫社会，中华文化的和谐理念深入到人类的血液与灵魂之中。什么是中医？以智慧使人健康、快乐、幸福。使社会安定，世界和平。会治病之医，小医也！

郭生白语

1、当前人民看病难治病贵，假医假药有禁不止。由此引发的社会伦理问题很多！怎么办？政府每增加卫生经费，都支付在哪里？人民得到了多少实惠？怎么办？匹夫之见是「大医传承」。诸多问题都发生在全民健康危机之中。天下能治病的大医日是日见稀少。人民健康的权力、医疗成本的操控，掌握在谁手！人人皆知，怎么办，世界各国政府谁拿出过办法？外国没办法可以。中国人不可，我们背着五千年文化的民族，是有方法做「大医传承」。

把复杂的事物理简單，是系统認识，是智慧。如果把本来很简单的东西弄复杂，是制造烦琐，是愚昧！这种制造复杂、烦琐的行為，在各个领域都有。特别在中医学科制造简單成复杂，使初学者增加思想负担，迷惘。鉴别的方法是看它是不是大道至简。是否更容易解决问题。

士衡语

中医药大学毕业的中医师在临床上使用抗生素、激素、化学药，这是为什么？為什么他们失去了对傳统医学的自信？失去了民族文化的爱？这是非常可怕的事，也是非常复杂的问题！中医要发展，我们不能把祖宗的光环戴在自己頭上，要面对现实，思考今天，创造未来！

郭生白语

两千五百年前中医说：「正气内存，邪不可干」。道家用「[illegible]」来表述生命。什么是自家水？人自己生于此水，又生存于此水，水是生命的动力，与正气同一物质，都是生命的保护系统。百年以后，希腊人希伯克拉底说：「病人最好的医生是自己的本能。医生不过是帮助本能的」。东西方的生命观竟如此相似。可惜，希伯克拉底的理想没有实现。两本能系统医学今天在中华大地出现了。

郝万山语

思维的声音是语言，思维的形象是行為軌迹。植物也有思维，是线性思维。水塘邊的楊栁，根向水的方面发展。樓房背陰的樹木向阳光一側伸展。這是植物思维。植物不会说话，所以是植物。动物有思维，会说话，但沒文字，所以是动物。唯有人类有思维、文字、语言，所以是人。中国人的思维是八卦思维，五行思维：是在阴阳、有无、器、用，終始、离合、依存、制约、变化中的运動思维。書語古人说「大医醫国」，医生用什么药可以醫国呢？中医乃中道之医。中医治病是用中和之道，是用智慧不是用药。中和之道可以養生，可以療病，可以利生民，可安定社會，中和之道乃天地之心！天地和则風調雨順，人氣和正氣王，人心和则快乐健康。医国医人在道而不以药。大医醫国在道不在藥也」。

辛卯年仲夏　邓铁涛

《本能系统论语摘》

《本能系统论语摘》是郭生白先生与弟子谈话的摘录，另收入了先生所作的旧体诗一小部分，同时也是先生亲笔书写的。先生不许说“书法”二字。从册中文字可以看出先生的思想、观念，希望对大家认识中医、读《本能论》有所帮助。

正文如下（注：除修改错别字外，其他保留原貌）。

融古融今入心炉，造化为师天作模。铸成生命本能论，信是人间百寿图。

——二〇〇五年秋于浙江大学应邀为日本国际阴阳科学会访问团在灵峰山庄作“东方智慧与中华医学”演说，即兴作并书

——辛卯孟夏　郭生白

一杯净水知真味，十丈红尘养禅心。

——一九七三年仲春　郭生白拟

红叶黄花到重阳，人生最是好时光。莫道秋老桑榆晚，金果银实满天香。

——辛卯仲春书旧作　郭生白于甲申重阳访香山

庚寅元夜雪打灯，三胡书生论本能。五斗心血十斛汗，捧与天下济苍生。

——元夜大雪孤灯对影写《本能论》　郭生白

避暑何须匡庐行，心静自然清荫生。庭槐高擎遮阳伞，蓬窗细吹雨后风。
竹枕藤席凉于水，浮瓜沉梅冷如冰。窗前泼墨消永昼，月下摇箑数流萤。
兴来时诵秋声赋，金飙突起小斋中。

——消暑排律十韵。一九九二仲夏愚鲁兄送来冰箱一只，即兴作此以赠，实秀才人情纸半张也。而今愚鲁已去，好友永在记忆中！

——生白

读书问道四十年，此心无日不入禅。文著六经求真义，丹成九转可回天。
养生道尊阴阳秘，起死术凭造化权。了却人间疾苦事，化作青烟上九天。

——一九六九年仲春于梅庄风雨庐　生白作

陋巷蜗居听风雨，瓦灶绳床数晨夕。

——一九七〇年春节拟　郭生白

休说当年做马牛，惯于冬夜赋春愁。饥寒未改书生志，屈辱何曾上心头。
一字吟安辄自喜，三杯入口总忘忧。铁风火雨寻常看，千古文章说风流。

——作于一九七六年　郭生白

吟成小诗无写处，放入口中捣做浆。可怜书生文癖重，不知头上有刀光。

——二十年后重读有感而记　郭生白

外观万物得天道，内视自我悟本能。

——甲申仲秋　郭生白拟

寒梅瘦竹当人意，清茶淡墨养诗魂。

——八十岁手书壁　生白

秋风吹红满山树，春雨浇绿草无涯。

——八十岁书壁　生白

风霜几度百花煞，坚冰千里梅吐葩。能在逆境出香艳，数尽芳菲独有她。

——丁亥岁末客杭州与友人西湖看梅有感　生白

天心人意应合一，觉悟不计早与迟。远酒亲药非因病，问道求真半在书。
饮啖粝蔬足三味，风雨迟居安一庐。但恨苍生医无药，不信大道无人知！
——一九七六年读《伤寒杂病论》发现仲景为天地立心之意，写此俚句以志不敢言诗

——郭生白　辛卯暮春

赠愚鲁兄

青灯夜夜伴孤禅，读破黄卷未脱凡。不怨佛门慈航远，只为灵根隔仙缘。

——作于一九八二年秋　生白

与愚鲁酒间语及往事感慨万千

落凌河上风雪厉，新合桥下夜雨寒。把酒抚今思旧事，豪情含泪对青天！

——一九七八年仲秋　生白作

钱学森先生二十年前推动创立“人体科学”，发掘人的潜能，发展第四医学。他强调“人体科学的建立，将召来第二次文化复兴，是人类历史上再一次飞跃”。钱先生预言正在悄然来临中华大地！“人人都知医，有病自家治”的时代最远不超过十年。

——郭生白语

中医复兴是历史的必然。外因是世界总人口百分之九十五是病人，世界人对现代医学失望，呼唤回归自然。国内有“构建和谐社会，科学治国，自主创新”的国家思想。中医复兴的内因是中医自身发展：中医系统理论的出现，高疗效、低成本，无药源性与医源性疾病，无终身性疾病。而且一方多治，多人一方。同时中医复制周期缩短。内因条件必将通过外因而复兴！

——郭生白语

“天人合一”是什么意义？宇宙万物合为一体：你中有我，我中有你，你便是我，我便是你。为什么能合一？万物只有两物，一阴一阳而已。阴阳有合一性，相互吸引而为一。所以有阴阳离合而生杀，相互依赖而生存，相互制约而均势，相互变化而长新，终始嗣续而永恒。此五行运动而有天人合一。“天人合一”中有此五行运动。这是中华民族最大的智慧，中华三大文化体系的思想核心！

——郭生白语

“亚健康”可怕吗？可怕！它是一切大病的开始。所有大病都发生在“亚健康”中。我郑重向你承诺：“亚健康”是很容易治愈的病。中医本能系统医学传承人都会治亚健康，也有能力杜绝“亚健康”的发生。“亚健康”是大病的未病阶段，会治未病的中医也都会治已病。

——郭生白语

生命是运动的物质不断地更新自己，复制自己，保护自己，终始嗣续，永恒不息。生命运动就是本能运动，也是升降出入运动于不同的器中表现出不同的能力，做不同的功。宇宙如此，一切生命物皆如此，细胞亦如此！

——郭生白语

本能系统活动是生命自然运动，与天地同行。升降出入无器不有，天人共同。这是天人合一之道。认识自己以知本能，顺应本能以完善生命，违背本能必遭祸殃，破坏本能必有报应。

——郭生白语

人类的疾病有两类：一是外源性疾病，二是内源性疾病。而人有排异本能系统，会把体内的有害物排出体外，又有自主性调节系统，对人体功能性障碍、紊乱调节恢复生态。人类生命有始以来就在自己的本能保护之下走到今天。所以今天中医仍可轻松治“非典”，而西方却用抗生素制造了超级病菌！

——郭生白语

中医复兴之日，便是全民健康之时。中医发展的中间阶段是“人人都知医，苍生无枉死；有病自家治，大病可商量”。中医发展的终极目标是“天下无医，生民无病”。应在二十二世纪会出现于中华大地！

——郭生白语

中医难学为什么？因为中医是智慧。不学智慧而苦记些条条框框，说不明白，听不理解，到临床时茫然不知所措。以往能治病的中医，不过掌握了一些方法与方剂而已。二三千年以来，一直是祖传、师传，薪火不绝。大医、名师辈出，各自长短。复制过程太长，于当今社会需要相差太远，极须改变！

——郭生白语

中医如果把常见病、多发病写清楚、说明白，教会治法，知道禁忌，传播到人人手中，使人人都知道医，有病自家治，便没有了因服用化学药中毒而死，便没有了看病难、治病贵的生活难题，也没有了假医假药的社会问题，全民健康从这儿开始。

——郭生白语

中华民族有三大文化体系：一是人与自然的和谐文化，老、庄为代表；二是人与人的和谐文化，孔、孟为代表；三是人自己的和谐文化，以张仲景为代表的医文化。三大文化体系的核心是天人合一的和谐理念，是以人为本的人类文化，是世界任何民族都不能望及的文化！

——郭生白语　于辛卯仲春日

什么是中医？尧说“允执厥中”。老子说“多闻数穷，不若守于中”。孔子说“中庸为至德”。佛陀称“至法为中道”。中的意义是什么？不偏不倚，不亢不卑，中和之医。中医的核心是天人和谐，思维形式是阴阳五行，认知本能趋势、顺势利导是方法。其从认识到思想、行为，到方法，都是以中为体，以和为用。中道是中医的本质。中医便是以中为名的医！

——郭生白语

中医是怎样治病的？用什么治病的？中医治病是用“中”治病，不是用药！“中”是什么？是“中和”，是大智慧。尧临终前对舜说治理国家的方法，“允执厥中”。中是治国的智慧。孔子说“中庸为至德”，中也是做人的智慧。佛陀说“至法为中道”。中又是修行的慧心！试看，中医治病毒性感冒用桂枝汤发小汗即愈。桂枝、芍药、甘草是药吗？生姜、大枣是药吗？出汗为什么能治愈感冒呢？中医是用智慧治病。

——生白

人要认识自己才能保护自己。

人类都有排异系统，对体内产生的废弃物，以及体外侵入的有害物、病菌、病毒之类都会排出体外，因此排异系统是人的生命保护系统。比如麻疹、流感发热，就是我们排异本能系统要汗腺、微血管排出病理物质。我们不了解自己的本能排异系统，反而去用物理方法、化学方法退热，破坏了排异本能，丧失了生命或造成其他恶果。悲哀！

恶性肿瘤患者，用刀割掉，化疗、放疗……费用常是几十万元或上百万，结果是家破人亡！上百年一直是不能治愈，但治疗费用逐年升高！本能系统医学自主排异法治肿瘤，不切割，不放、化疗，不用毒药治，无痛苦，无器官、组织伤损，是完全健康的治疗。这是本能系统医学对治肿瘤病的绝对优势！

——郭生白语

中医为什么容易学？因为中医是智慧。智慧外视万物得天道，内视自我见本能。道之为道，大到无外，小到无内。简至有无，繁至无穷尽。中医看生命，不过是升降出入动能，涵附在内外开放之器中。这便是人体的本能。这个本能也是人体防病治病的本能系统。中医的智慧就是认识本能趋势，顺势利导而已。

——郭生白语中医易学好用

亚健康是什么病？西方人以物质的量变作为疾病的定性标准。把一个没有物质的量变，只有功能性障碍的病说成是“亚健康”，而没有治法。亚健康是怎样发生的？传染病发烧，用物理、化学方法退热，化学药物的损害，情绪长期抑郁都会造成亚健康。亚健康又会发生许多大病，如高血压、糖尿病、肿瘤及各种免疫性疾病都会发生。

——郭生白语

对抗的理念是错误的！抗生素与病菌对抗了五十年，病菌发生了应变，适应了抗生素。西方人惊慌了，病菌在西方眼中成了超级大敌。这证明了西方医学对抗理念的失败，证明西方医学不懂生命。他们正在寻求新的医学模式，想用系统理论去重组医学。这仍然不是生命的内涵，而是外物强加于生命。

——郭生白语

人体是上下内外开放的形器。生命是形器中升降出入的动能。在体内，任何器官、组织、细胞都需要营养、代谢，因此时时都在升降出入运动之中，有的东西留下来变化成自己，有的东西排出体外。这是个排异系统。凡是进入身体中的废物，包括病菌、病毒，都必被排异系统排出。

——生白语

本能论是人认识自己的智慧，是保护自己的能力，是人类自己与自己和谐的文化体系。中国人首先认识到医学，真正意义上的医学是审视本能趋势所向而顺势利导，而不是线性思维的对抗。超级病菌、超级病毒的出现，终身性疾病的日益增多，都是对抗思维的结果，我们觉悟的时刻到了。

——生白语

人有自主调节的本能系统。这个系统对人的生命运动程序的均势与生命物质的动态平衡均有自主调节能力。比如三大营养物质糖类、脂肪和蛋白质的分解、合成、转化、利用和贮存，能与量的调节保持动态的均势平衡。这生态平衡一旦受到伤害，自主本能系统就会自行调节恢复生态。所以，它对高血压、心脑血管病、糖尿病、肿瘤及免疫性病患都能治愈。本能系统医学出现了一个临床高度！

本能系统是生命自身的保护系统，是大自然的生命规律。人类遵守大自然的规律，也必须遵守人体的本能规律。人体有排异本能系统，对侵入体内的病菌、病毒都会以排汗、涌吐、大小便等方式排出体外。为什么我们用有毒药物进入体内去杀死它们！结果毒药损害了我们的肝肾，却使病菌、病毒发生了应变，适应了杀灭它们的药环境！这岂不是人不认识自己的本能而干出的蠢事！

蒲辅周先生出身于中医世家，一九六五年任中医研究院院长。一九五六年河北流行乙型脑炎，用抗生素治疗，死亡率很高。先生在石家庄治疗一百六十七例全部治愈，而无后遗症，创脑炎治愈率世界最高，使世界对中医药仰视其项背。先生为中医做出杰出贡献！

——郭生白语

祝总骧先生于一九七三至一九八二年在中国科学院生物物理研究所，通过电子学、生物化学、生物物理学、声学等多学科检测证实了中医经络图谱的高度科学性和存在，提出了经络是多层次、多功能、多形态的立体结构的调控系统理论。先生根据这一理论创造出“三一二”经络锻炼法，为中医发展做出重大贡献！

——郭生白语

中医是根据生命本能的趋势而因势利导。西方医学之父希波克拉底说：“病人最好的医生是自己的本能，医生不过是帮助本能的。”东方与西方在两千四百年前何其相似。但东方人的这个“天人合一”“大道自然”的核心思想传承到今天而得到发展为系统医学。西方却放弃了对生命本能的认知，走上了物理、化学、材料、技术的路，以对抗、改造、干预取代自然为法则来对待生命。

——生白

自鸦片战争以来，中医与传统文化便受到少数洋人与洋国人的诋毁。特别是中医，遭到两次封杀，五十年改造，而中医在冻土中思考着昨天，孕育着生机，等待着春信，准备着明天，以春雷的语言告诉世界：中医与中华传统文化是唯一拯救人类危机的智慧。用智慧治病的是中医，没有药源、医源性疾病的是中医，疗效最高、成本最低的也是中医。中医是帮助生命本能的，是希波克拉底的理想而未能实现的医。

——郭生白

中国最早有“祝由”。在上古时代，人类已有解脱疾病的要求。人类又发现了自身意念会产生缓解病痛的能量，于是先民们便用意念来和解疾病，这便是“祝由科”的由来。当人类发现了经络，从经络孔穴的传导、感应见到了一个信息传导自主处理系统，从按摩、砭石、针灸刮痧、刺络，逐渐完成一个多层次、多功能、多形态的立体结构的调节控制系统。祝总骧先生证实了中医经络图谱的科学性！

——郭生白

中医非中国之中，乃中道、中庸、中和、执中之中医。中是不偏不倚，不卑不亢，均势，平衡。升降有节，出入有序，阴平阳秘为生命之常道。离此中道为生命变，变则病，中则愈。中医执其中，察其变，审其势，利而导，复其中，百病不生，令人登寿域。此中医之中！所谓汉医、国医，都不能说明中医的内涵。

——辛卯孟夏　郭生白语

中医是用中和思想对待生命，理解生命，颐养生命，保护生命。什么是中和呢？是天道、地道、人道，大自然之道。中是不偏不倚，不卑不亢。道家说“守于中”，唐尧说“允执厥中”，孔子说“中庸为至德”，佛陀说“至法为中道”。中医以中为体，以和为用。人身之病患皆或偏或倚，或卑或亢，失于中。失于中则不和，不和则病。中医见其病则执其中，执于中则和气自生，和则病愈。中医全部内涵从知到行，中和而已。

——生白

中医发展到成熟阶段是“人人都知医，苍生无枉死；有病自家治，大病可商量”。到中医发展到高度成熟时，“天下无医，生民无病”。中医发展是由兴而盛，由盛而消灭自己。到无医社会，中华文化的和谐理念深入到人类的血液与灵魂之中。什么是中医？以智慧使人健康、快乐、幸福，使社会安定，世界和平。会治病之医，小医也！

——郭生白语

古人说“大医医国”，医生用什么药可以医国呢？中医乃中道之医。中医治病是用中和之道，是用智慧，不是用药。中和之道可以养生，可以愈病，可以利生民，可安定社会，中和之道乃天地之心！天地和则风调雨顺，人气和则正气旺，人心和则快乐健康。医国医人在道而不在药，大医医国在道不在药也。

——辛卯年仲夏 郭生白

中医的核心思想是中道。西方医学的思想核心是对抗。用西医管理中医，中医必死。中医复兴的唯一条件是脱掉西方的桎梏，使中医在自己发展规律中发展自己，由中医学者领导自己的学科研究。中西两医可公开公平在理论与临床二者比较、竞争，病人为裁判！中医可以流派之间相比，可比多项、单项，以社会人士监管，社会裁判。体系之间、流派之间可以择长补短，可以统一理论，结束中医的理论芜杂历史！

——生白语

现代的中医传承应该不是历史的重复，驴拉磨。应该走出新路。什么路？师父必须教会弟子治病，要能说出病是怎么治的，病是怎么被治愈的。临床过程和疗效必须是可以重复的，是能让人明白的理论。避免用随意性解释，用难以理解的语言讲病理。要打破中西医学的界沟，要融合而为一，真正做到洋为中用。中不是中国之中，而是中和、中庸、中道之中。

——生白语

態势趋势

物有象，象是静止的物。態是能动的象。心是动而不休的物，所以態从能心为態。动態必有势。势是態所表现出来的能力的趋势，或向。势的趋向是我洞察事物运动在多方面、多条件的依赖、制约、变化中表现出自然规律发展方向。我们就是根据事物的自然趋势去顺势引导它，去解决问题。比如中医用汗吐下和等方法治病都是顺势利导的方法。

——郭生白

（注：態，为“态”的繁体字）

中医与西医是在两种文化背景下产生的，其核心思想当然不能相同，但不失为同道。中国人说，三人行必有我师焉，择其善者而从之，其不善者而改之。两千四百年前古希腊人希波克拉底说："病人最好的医生是自己的本能，医生不过是帮助本能的。"希氏的理想可惜没能传承下来。而今本能系统论问世了，正在以传承的方式实现着"天下无医，生民无病"的理想社会。愿天下共享！

——郭生白

把复杂的事物理简单，是系统认识，是智慧。如果把本来很简单的东西弄复杂，是制造烦琐，是愚昧！这种制造复杂、烦琐的行为，在各个领域都有，特别是在中医学科制造简单成复杂，使初学者增加思想负担，迷惘。鉴别的方法是看它是不是大道至简，是否更容易解决问题。

——生白语

两千五百年前中医说"正气内存，邪不可干"。道家用"自家水"来表述生命。什么是"自家水"？人自己生于此水，又生存于此水。水是生命的动力，与正气是同一物质，都是生命的保护系统。百年以后，希腊人希波克拉底说："病人最好的医生是自己的本能，医生不过是帮助本能的。"东西方的生命观竟如此相似。可惜，希波克拉底的理想没有实现，而本能系统医学今天在中华大地出现了。

——郭生白语

中医药大学毕业的中医师在临床上使用抗生素、激素、化学药，这是为什么？为什么他们失去了对传统医学的自信？失去了对民族文化的爱？这是非常可怕的事，也是非常复杂的问题！中医要发展，我们不能把祖宗的光环戴在自己头上，要面对现实，思考今天，创造未来！

——郭生白语

思维的声音是语言，思维的形象是行为轨迹。植物也有思维，是线性思维。水塘边的杨柳，根向水的方面发展。楼房背阴的树木，向阳光一侧伸展。这是植物思维。植物不会说话，所以是植物。动物有思维，会说话，但没文字，所以是动物。唯有人类有思维、文字、语言，所以是人。中国人的思维是八卦思维、五行思维，是在阴阳、有无、器用、终始、离合、依存、制约、变化中的运动思维。

——生白语

当前人民看病难治病贵，假医假药有禁不止，由此引发的社会伦理问题很多！怎么办？政府每增加卫生经费，都支付在哪里？人民得到了多少实惠？怎么办？匹夫之见是“大医传承”。

——生白语

永远怀念

家人心中的记忆

郭氏中医传承史

（本文根据郭生白先生长子郭知理口述内容整理）

郭氏中医起源于膏方传承，也就是现在广为人知的万应膏前身。可追溯的**第一代开方行医的先生叫郭老俊。**

第二代传人叫郭荫轩。郭荫轩曾在年轻时考入民国时期的保定陆军军官学校，入学一年，其父郭老俊以绝食相逼，迫使其退学。无奈之下，郭荫轩回到家中继承医业，专心研习《黄帝内经》《伤寒杂病论》等中医经典，成为声震一方的名医。郭荫轩发扬光大祖业，创办了“长春大药房”，并逐渐扩大影响范围。1930 年，其以土地相抵，制作了一大批丸散膏丹行销东北，当时是先给买方赊账卖药，年底时再收回药款，但是无奈其间发生战事。1931 年“九·一八事变”发生后无人敢去收款，仅有一名雇员冒着生命危险前去收回了部分款项。因为此次损失巨大，加上特殊时期生活艰辛，郭荫轩承受了重大打击，于五十多岁时不幸辞世，临终前留下遗嘱：谁能继承家业为医并发扬光大，谁就是郭家的孝子贤孙。

郭荫轩其子郭承武（1912—1947）是郭氏第三代中医。郭承武聪慧睿智，因家学原因行医乡里，口碑甚好，尤其擅长治疗各类疮疡。他不但能说一口流利的英语，还能写得一手好书法，同时担任梅庄村党支部委员。在担任梅庄村党员支部委员期间，正值我党“反扫荡”最艰难的时刻，武强县地处我党冀中抗日根据腹地，斗争形势危险而复杂，郭承武在此期间为党做了大量工作，工作上联系比较多的地下党领导人包括堂兄郭少溪（1949 年后南下任广东省商务厅厅长）、田振东（1949 年后南下任职于湖南湖北公安系统）、冯佩之（1949 年后任北京多部门部级领导）。以上因缘，早年的郭春霖和上述三位同志一直保持着密切联系。改革开放后，田振东多次从武汉返回武强看望郭春霖并请他协助县志和党史的写作；2000 年郭春霖到北京发展后，得到老友冯佩之的大力支持。郭承武因征兵之事得罪人被记恨，1947 年，三十五岁的郭承武被伤害致死。

郭生白（1927—2011），名春霖，字润物，号生白，是郭氏第四代中医。郭生白幼承庭训，以《伤寒杂病论》为重，并涉猎群书，随李苠卿先生学古文学，随范湘谷先生学英文、物理、化学，相继研读中医学与西医学。郭生白临床六十余年，勤求古训，博采众长，主要著作有《伤寒六经求真》《阴阳五行新解》《本能论》《治“未病”的思考》《论中医复兴》《论中医复兴的社会伦理学意义》《论系统医学与系统思维》《论系统效应》等。

郭生白自幼聪敏，五岁时便在祖父郭荫轩膝下识字辨药；十几岁时去北京投奔表舅爷做学徒，就职于北京济通银号；后辞职在大学做旁听生，其间接触党派人士，为地下党做了很多工作。1951 年河北麻疹流行期间，六岁的儿子郭知理因染疫病命悬一线，他从北京赶回后立刻停用西医治疗，改用中药，大雨夜一剂良药挽回儿子性命，后又悉心调理直至痊愈，从此声名远播，疫疹流行期间救人无数，留有“痘疹无死证”之灼见。1957 年郭生白在武强任教期间，因受诬陷被错划成“右派分子”，直至“文革”结束，近二十年的时间里受尽屈辱磨难。然铁风火雨不改其志，郭生白凭着坚强不屈的意志，在“文革”期间克服重重困难，历尽艰辛，七易其稿，终著成《伤寒六经求真》一书。改革开放后，此书经原卫生部部长崔月犁题写书名，原河北省中医学会理事长王立山作序而出版发行。

1989 年，郭生白应饶阳县卫生局邀请去县局卫生所应诊收徒，并于饶阳县卫生进修学校教书育人，几年后又回到武强开设诊所。先生一生在中医路上勤耕不辍，不断探索，先后完成《论中华医学之生态观》《医事得失集》《阴阳五行新解》《治“未病”的思考》等。2010 年《本能论》巨著问世，奠定了郭氏中医在中医界特有的理论和文化基础，为中医学的理论与方法发展做出了独有的贡献。

郭生白一生心系中医，为中医的传承发展奔走呼号、呕心沥血。其耄耋之年仍四处奔波弘扬中医，先后在浙江大学、清华大学、北京大学、北京中医药大学、国防大学等高校和多处场合进行演讲。其以八十四岁高龄联合国医大师朱良春、周仲瑛、陆广莘三位先生，以及祝总骧教授、贾谦教授，共同发起“大医传承”文化工程，后终因过度劳累，倒在了传承中医的讲台上。

郭氏第五代中医为郭生白长子郭知理（生于 1946 年）。因各种原因，郭知理大半生承受各种磨难，但一直坚持在中医的道路上不断求索，六十八岁时参加中医一技之长人员考试而取得医师资格证，至今仍在武强郭生白中医诊所出诊。

郭氏中医第六代传人为郭达成（生于 1972 年）。郭达成幼时即跟随祖父郭生白行医出诊，于石家庄华医医学专修学院（现石家庄人民医学高等专科学校）毕业后在武强诊所接受祖父手把手的教导。郭生白去世后，郭达成毅然继承祖父遗愿，扛起“大医传承”事业大旗，以祖父宏愿“天下无医，生民无病”为最高理想，进一步推进和发展本能系统医学，带领本能系统学人在生命认知的道路上继续探索前行。

郭达成在祖父所著《本能论》的基础上对疾病与健康有了更加深入的认识，近几年来先后出版了《本能论新解——郭氏中医心悟》与《〈孩子发烧怎么办〉新解——附本能育儿经》等著作。郭达成以本能系统医学理论为基础，建立了本能系统换食养生调理健康管理体系，大力推进以食疗为主的健康养生模式。在郭生白原生化汤、强生粥等方剂的基础上，郭达成遵循“只给帮助，不给伤害”的原则，开发了多种适合不同人群的药食同源食品，应用于调理各类健康问题，推动了本能系统医学养生体系的发展。

郭氏中医第七代传人为郭正阳（生于1998年）。郭正阳毕业于石家庄人民医学高等专科学校，现在武强主要负责健康咨询公司管理工作与药食同源食品生产等事宜，默默为郭氏中医的传承提供后勤保障，正在逐渐担起继承郭氏中医、传播本能系统医学体系的重任。

郭氏中医历经七代传承至今，以复兴中医和全民健康为己任，不断探索实践，建立了本能系统医学体系，在中医理论和方法、医疗与养生方面均有了创新性的发展，其成就正在惠及越来越广泛的民众，也期望为中医传承和人民健康做出更多的努力和贡献。

长子　郭知理

2020年4月20日

5·15 回忆我的父亲

5·15 是个值得纪念的日子。为了这个日子，很多人做了大量的工作。在这里，谨向他（她）们致以深深的敬意！

不会忘记，九年前的春节刚过，天气很冷。八十四岁的父亲执意南下南京、南通，联合朱良春国医大师、周仲瑛国医大师，以及贾谦教授、陆广莘教授、经络学家祝总骧大师发起“大医传承”文化工程。

当时老人年事已高，我很是担心，可又不敢阻拦，因为我知道是拦不住的。我懂老人为了复兴中医事业的急切心情。为了传承中医的哲学思想与和谐文化，为了让更多的人知道中医、运用中医，实现“人人都知医，苍生无枉死”的目标，他义无反顾；为了追求“天下无医，生民无病”的理想，他一往无前。

那天早上我送老人去车站，望着寒风中的老人：八十四岁高龄，应该是颐养天年的时候，他却还带着腿伤，奔波千里，辗转多地。想到此，我心里有种说不出的酸涩。

父亲一生精研《伤寒论》《本草纲目》及诸多中医经典，六十余年临床，积累了丰富的临床经验，同时对伟大的中医文化充满了热爱。每当提到医圣张仲景和《伤寒论》，讲到动情处，他常不由得眼含热泪。记得老人曾用两句“衣带渐宽终不悔，为伊消得人憔悴”来表达对中医药的挚爱。正是缘于这样的感情，老人才决意用“师带徒”的祖传形式来传承中医药。此行义无反顾！

不会忘记在“大医传承”文化工程启动仪式上，老人致辞时，动情的声音颤抖，眼含泪水。

开课前，为了让每一位热爱中医的学子能安心留下来学习，父亲曾派人调查多家酒店进行对比：哪家离讲堂更便捷，哪家服务更周到，哪家价位更合理。直到一切安排妥当，他才放心了。

开课了，父亲比平时起床还要早。平时四五点钟起床写稿子，开课后四点钟不到他就起床了，先写稿子，然后备当天讲的课程。我见他每天都要写几页卡片，上面密密麻麻地写满了讲课的内容。他的早饭简单，就一碗粥、一碟咸菜、一碟腐乳、一块馒头，把粥喝完必要用白水冲一冲再喝掉，然后半小时车程到讲座地点，通常是已有求诊患者等在那里，一到诊室他马上开诊。

诊完患者就开课了，讲《伤寒论》《本能论》，讲疑难杂症，结合六十余年的临床积累，他把一生的经验倾囊相授。唯恐弟子们掌握不好，每堂课讲完后他都反复要求弟子们提问题，针对疑点和重点进行解答。为了鼓励善于思考、勤于提问、有独立见解的优秀人才，他曾买了几十把折扇，亲笔题字，以兹奖励。拳拳之意，殷殷之情，由此可见。

通常到午后一两点钟他才结束课程，回家吃午饭时已是下午三点钟了，基本上没有午休时间。记得有天午饭后，老人刚进卧室，我也刚要休息，敲门声就响了。我打开门，两个年轻女子抱着一个六七岁的女孩子急急走进门，说："孩子肚子疼，又吐又泻，赶紧给看看是怎么了。"我看到孩子很痛苦，又想想父亲已经连续工作了十多个小时了，还没有一刻得闲，实在不忍马上把老人叫起来。正在迟疑间，老人从卧室走出来了——原来还没睡就听到客厅有声音，就出来接诊了。接着就来人不断，又是一个忙碌的下午。

每天晚饭后，老人坐在椅子上休息，我站在身后给他梳梳头，按摩一下头部和面部，然后打一盆热水给他泡脚洗脚，这是父亲一天中最放松的时候。然后父亲坐下来写稿子，我坐在一边看书。当时觉得很平常，现在想想我是多么幸福！只是不会再有了……

《论中医复兴》《论中医复兴的社会伦理学意义》《孩子发烧怎么办？》等都是父亲这个时期用早、晚的时间写出来的。没有假日，天天夜以继日，焚膏继晷，平常壮年人也难以承受，我很担心老人的身体。

2011 年 11 月 19 日，父亲照常早早起来写稿子，没吃早饭，比平时早些到讲座处，已有两个患者等在那里。诊完患者，学员还没有到齐父亲就开始讲课了，一直讲到十点钟，说让同学们把新讲的东西消化消化。当时我坐在讲堂最后一排座椅处，发现父亲状态不好，好像有不舒服的样子，于是到讲台上扶起父亲，扶着他走进办公室，让他坐在沙发上休息。刚过了几分钟，父亲突然大口呕血……

11 月 21 日，老人走完了人生最后一程，溘然长逝！

没有照顾好父亲，是我平生最大的憾事，也是我深入骨髓的痛！

父亲，您走时，贴身衣服的口袋里装着法国弟子乐潜山写的有关中医术语的纸页，您还没来得及给翻译《本能论》的乐潜山做出解释。

您走了，您很多的工作计划还没有实现！

您走了，像吐尽丝的蚕，像燃尽油的灯！

您走了，但留下的精神财富时时激励着我们！

家父六周年忌辰悼念

梦里萦魂整六年，云排仙鹤杳如烟。
悬壶问道平生愿，凭脉参禅疾苦间。
辨证阴阳除旧义，本能大道立新篇。
蓬蒿冢上平膝茂，遗字犹歌血杜鹃。

长女　郭知维

2020 年 2 月 15 日

郭生白生平记事

一、风霜百度，坚冰千里

1950年，生白先生曾在武强县农业中学任教。先生因不畏权贵、直言相诤的性格，1957年被贪墨上司污划为“右派”，因而失去了公职，归农劳改，至1978年才落实改正，其过程也非常曲折艰辛。

先生出身于书香世家。其祖父曾入读保定陆军军官学校，后学医，成为深州、武强、饶阳、安平一带名医。

生白先生五岁时便在祖父膝下识字辨药，站在小板凳上抓药配方。少年离家去北平做学徒，在煤炭行做过伙计，在珠宝店当过学徒，在银行（当时叫银号）当过书记员（记账员）。那时北平还未解放，先生有一亲戚是中共北平地下党，考虑到先生一个十几岁的小孩子，行动比大人方便，不受注意，便让其为地下党传递情报，策反一名国民党特务。这本是为新中国诞生所做的贡献，哪知此举在“文革”中被别有用心之人污蔑成国民党反动派，以“历史反革命”之名进行无数次批斗、游街示众等凌辱。

后来先生从北平归家务农，趁机博览群书，诸子百家、经史子集、诗词歌赋无不涉猎，医学经典、名家方略千遍精研。20世纪80年代前，乡村的照明全靠油灯。先生居所内有一煤油灯熏于墙上一大片漆黑的油烟，足可见证“青灯夜夜伴孤禅”的苦苦研读。

那年月，各家各户都是编入生产队统一耕作，统一指派劳作。先生白天必须到生产队干农活，读书、写作、诊病等都要在晚间凭着战胜白日疲劳的毅力而作。当时的煤油都是定量供应的，灯亮的时间长了不够用，先生读书兴致正浓，就燃亮一簇香，在微弱的亮光下继续研读。这种“簇香夜读”何异于“囊萤映雪”？先生沉潜医道，物我两忘之精神，正如诗句中所言——“此心无日不入禅”。他夫人（小学教师）好不容易攒下了点钱，从粮站买来四十斤小麦让他带回家过年。在路上，他边走边琢磨一个疑难医理，口袋破了却全然不知，到家后小麦所剩无几。怕夫人埋怨，他装出一副极其懊悔痛心之态，反而得到善良的夫人一顿安慰，其实他早已心不在此，忙着到案头“入禅”去了。

艰难坎坷远不止当时的物资匮乏和家乡的落后。1957年他被错划成“右派”，接着是十年“文化大革命”。尽管“风霜百度，坚冰千里”，也无法阻挡“梅吐香葩”，正是“饥寒未改书生志，屈辱何曾上心头”，先生经常通宵不眠地夜读，他自创了一种“小憩”心法，三五分钟即可大为缓解疲劳。数不尽的不眠之夜，终于熬成了一部《伤寒六经求真》。

就是因为有了一个不懈的追求——“人人都知医，苍生无枉死”“天下无医，生民无病”，先生的“豪情合血”铸成千古风流文章。

有人问先生为何号“生白”，他漠然地回答:“我这一生尽白吃饭了。”

古云“生死人，肉白骨”，即起死回生之意，能使死人重生，使白骨生肉。他取号“生白”，表明了自己的追求目标。

二、才华一现，惊骇世俗

先生的一位挚友忆起他们的交往过程时这样说：

1965 年我毕业于南开大学物理系，因赶上“文革”而在学校等待分配，故得空回家侍候年迈的奶奶。1967 年春夏之交，年逾八旬的奶奶病了，我有一堂兄就是方圆百里闻名的先生（旧时代医生的统称），诊脉准确，广受尊崇。当时堂兄对我说，奶奶的病脉象与病症相反，他力不从心，恐怕治不了，建议另找先生，以免后悔。我说他要治不了，这方圆百里哪还有人能治得了？他说，有，武强梅庄。说着他拿出一封厚厚的信，这是我第一次见先生的文章，有五六页之多，毛笔行书，文字激扬，上自秦汉，下至民国，述说名家各派，夹叙夹议，评论成败得失，真是一篇绝佳的医学论文，读来使人心颤血涌。我对着信看呆了，民间竟还有如此之人才！当即我骑车直奔武强，谁知与生白兄一见如故，本来是求医来的，却被先生招待一番，在先生家里吃了午饭，一同回家给奶奶看诊。几经施治，奶奶的病症渐渐消失了。

听说是来自武强梅庄的先生，村民都说一定是郭荫轩老先生的后人。郭荫轩老前辈正是生白兄的祖父。早年间郭老前辈享誉深州、武强、饶阳、安平，所以每当生白兄来我家，村民必云集而邀，生白兄走遍全村为乡民看病而分文不取。

有一次，一古姓孩童四肢冰凉，昏厥不醒，生白兄详诊后竟开出一剂石膏等大凉方剂，一般大夫看了心惊胆战：患儿已四肢冰凉了，怎还能用如此寒凉猛药，这吃下去必死无疑。哪知病童服药后四肢热发而愈。

1972 年，我的妻子怀孕，到医院检查发现她患有风湿性心脏病，生育对她危险极大。医生的一番话使我提心吊胆，生白兄详诊后认为以炙甘草汤加减增强心脏功能可保无虞。当年我在上海工作，妻子随我前往上海待产。当时生白兄与我书信频繁，从信中明了情况，我则从信中得到方略和精神上的支持。如此连服数月汤药，妻子顺利产下一子，母子安康。

我与生白兄感情日益深厚，兄之文字功底深厚，不仅体现在医学上，更是体现在文学方面，信手拈来即为一篇好文章。每每收到他的信必与好友一起反复品味，因此我的几位好友也成了生白兄未曾谋面的神交好友。他的不少诗词，或言志，或咏怀，佳句颇多。他住什刹海之滨时，我曾见过他写的一部诗稿。

有一年我去浙江出差，钱塘江富阳至桐庐段叫富春江，其山水我向往已久，自然把经历感触描写一番寄与生白兄分享，他在信中作《梦逝富春江》七律一首，其中两句“水中山色山中水，山里云雾雾里山”实为传神之笔。

三、著书立说，服务苍生

平生矢志不移的追求，几十年不屈不挠的奋斗，终于成就了“一家之言”——1980 年先生的巨著《伤寒六经求真》写成。该书于 1993 年 6 月由海豚出版社正式出版。从动笔著述到出版面世，七易其稿，其间的艰辛非常人可知，能取得“真经”，何止九九八十一难，先生的“五斗心血十斛汗，捧与天下济苍生”这两句正是最好的写照。

“文化大革命”结束后，先生精神上得到彻底的解脱，得以专心医道，其后，从农村发展到县城，从县城奋斗到京师，一步一个踏实的脚印，为中医事业的发展贡献着自己的人生。

2004 年后，先生进入了著作高产期，《论中华医学之生态观》《医事得失集》《阴阳五行新解》《治“未病”的思考》等先后完成。2010 年《本能论》面世，把来详读细想，感觉见解独到，启世惊俗，使后学迷途顿悟，为晚辈奠基开智。

到了古稀之年，先生仍四处奔波，弘扬中医学，在浙江大学、清华大学、北京大学、北京中医药大学等高校演讲。在耄耋之年，先生又全国奔走呼号，会同朱良春、祝总骧、陆广莘、周仲瑛、贾谦等发起了“大医传承”文化工程，以造福社会，惠布众生。

先生吸取了中国传统文化的精粹，一部《本能论》中蕴含了“天人合一”“道法自然”“阴阳有德”等精华。用先生的话说，本能论不是医学，它是生命科学，是人类认识自身的智慧。先生运用本能论的哲学思想，解决了中医治疗肿瘤、糖尿病、高血压、心脑血管疾病、肝脏病等一系列难题。

与先生接触多了，你就会发现先生的才华智慧是多面性的。他的书法造诣让许多达者赞赏。20世纪八九十年代，当时还蜗居乡村时，先生就与河北省多位书画名家过从甚密，他独创的形意书法“马”字，活脱一匹鬃发飘逸、四蹄生风的烈马，连同先生题诗，更使读者玩味无穷。

有一弟子请教先生如何画得雪花飘落而不是坠落，“飘”和“坠”一字之差，艺术效果可就大不相同了。先生说：“画家在画技上表现艺术，艺术里产生了画技，这些都是名家不传之秘。机缘巧合，我有幸了解到某大师画飘雪之法。”如此这般，讨教者听到立刻大悟，欣喜非常。

四、倾注满腔血，殒身松林园

先生晚年居于北京西郊松林公园，居所命为三胡堂，又自命三胡先生。所谓“三胡”者，即“胡思乱想、胡说八道、胡作非为”。请不要曲解，先生的“胡思乱想”是思想不被旧框框束缚，才能有奇思妙想，有创造性思维；“胡说八道”就是敢于说出自己的奇思妙想，敢于指出前人的不足；“胡作非为”是敢于创建自己的新学说，敢于创建新事物。

2011年11月间，先生以八十四岁高龄仍夜以继日地工作，每天早晨三四点钟起床写作，早饭后要到“大医传承”课堂讲课三四个小时，午后还要诊病，天天如此，不曾间断。这样劳作，没有周末，没有节假日，年轻力壮之辈都难以承受，何况八十多岁的老人。先生只觉重任在肩，要尽可能快地把自己积累一生的经验传给那几百弟子和学员。

2011年11月19日上午，就在讲课之时，先生突觉不适，然后大口呕血。11月21日，先生走完人生最后一程。原以为“呕心沥血”只是形容词而已，先生让我们看到了真真实实的“呕心沥血”。

“了却人间疾苦事”，留给我们后来人做。

“化作青烟上九天”，先生虽然离我们而去了，可是其精神时时激励着我们。

“但恨苍生医无药，不信大道无人知。”如今大道正得弘扬，先生足可告慰矣！

次子　郭知由

2018年11月

悼念老舅郭生白先生（韵寄四支）

八秩春秋羽化时，磬声万户寄悲思。
六经济世华佗事，四海噙香扁鹊诗。
几梦濒湖羞脉考，一朝玉帝降丹墀。
丰神第二凭姜尚，千载传薪未尽期。

我老舅，名春霖，号生白，字润物，中医世家出身。他的传奇人生和人格魅力让人难以忘怀。

他曾经当过店铺伙计、银行职员，种过地，教过书。他知识渊博，五行八作、三教九流、经史子集、诗词歌赋、医卜星相，无不通晓。讲易，可叹其出神入化；谈禅，亦叫你目瞪口呆。他临摹启功的书法作品，让一个经常采购中国字画的日本人在他女儿的店铺里转了三天，竟然分辨不清真伪，后被告知是临摹后，竟花千元也要买走这条幅。

但他一生中最重要的，则是对《神农本草经》《黄帝内经》和《伤寒杂病论》的潜心研究。老舅不仅知识颇丰，记忆力也惊人。十几年前的一个春天，他的一位朋友向他求助，说是家有一玉瓶，不慎让孩子摔掉了一耳，问他能否给粘上。他让这位朋友在五黄六月把瓶拿来再粘。我问为什么非要等到夏天，老舅说："蟾酥是粘玉的关键材料，是从癞蛤蟆身上取的，没有夏天的癞蛤蟆，怎么粘啊？"说着他就从一大摞线装本的《本草纲目》中翻了翻，抽出一本，翻了一会儿，找到一页，对我说："自己看吧，这蟾酥的药用和特性功能都写着呢。"我一看，果然如此。

老舅一世行医，最悯穷人。我记得最清楚的一件事，是当年他在小县城行医，来了一位衣衫褴褛的小姑娘为她的母亲看病抓药。小姑娘父亲早逝，母女相依为命。用药月余后，其母病愈，小姑娘来结账。他对小姑娘说："孩子，我和你父亲是多年的好朋友，过命的交情，怎么可能收你的钱呢？"竟分文未取。事后我问起这事，他才告诉我，他其实并不认得小姑娘的父亲，而是觉得她们母女太艰难太可怜了。他讲："所谓佛心，大慈大悲者是。慈者，与乐之义；悲者，拔苦之心。你看，人之父母，皆大慈大悲，不求儿女回报的。而医者，须有父母心。但凡遇到像这孩子这种家庭情况的，我是必要减诊费甚至全免的，否则我的心不会安宁。看病，证的不仅是医者的技术，更要证医者的心。不分情况胡乱收钱，岂不愧对济世救人之说？"

从很多小事中可以看到老舅的胸怀和肚量。有一年，老舅妈在从北京回家的公共汽车上丢了计划办事用而好不容易凑齐的钱，老舅妈跌足痛哭。他安慰说：“别哭啦！你说钱叫什么啊？那叫货币。货币呢是要讲‘流通’的，不‘流通’还叫货币吗？从咱这儿流通到小偷那儿了，不还是流通吗？起到这个作用就行啦。”说得老舅妈破涕为笑。

他一生致力于《伤寒杂病论》的研究。他的医著《伤寒六经求真》就是在“文革”最艰难的环境中写就的，后来出版时得以时任卫生部部长崔月犁同志题跋作序。到北京后，他曾受北京大学之邀去演讲。他是第一个提出“中医生命科学本能论”的人。他以老庄的“道法自然”哲学思想为基石，从中医的“整体论”“辨证施治”和“天人感应”“天人合一”思想出发，以“阴中有阳，阳中有阴，阴阳合德，阴阳互根”的观念，全面诠释和开创了中医生命科学的“本能论”，提出了人体自主性本能、共生性本能、排异性本能、应变性本能、守个性本能等生命本能特征，认为阴阳离决是生命的终结，阴阳合德是生命的开始，阴阳互根是生命的本质，阴生阳长的运动是生命的过程，以及“生命不存在于当代科学的分割中，而存在于物质的整合中”等。

他的一句名言是“大道无遮”，就是“越是真理越简单”，真理的光辉是掩盖不住的，谁都看得懂他书里的表达。难怪佛界大德昆弼看了他的《本能论》后感慨而自豪地说：“中医，全世界早晚来与你接轨！”这是对《本能论》深刻理解后而得出的前瞻性话语！也是对西方有识之士关于“回归自然，重视中国传统医学”呼吁的最铿锵的回应！

他治疗糖尿病、乙肝的方子曾被国外财团企业看中，欲以每个方子五千万人民币的高价收买，但他摇头拒卖。他说：“卖了，那就是卖国，是忘了祖宗。你想啊，咱们的方子，让外国人变成药，成了进口药，老百姓买不起了。这事能干吗？什么叫同胞啊？”老舅就是这样一位不为金钱所折，堂堂正正的大医家。

前几年，他在各社区开展全民健身运动，倡导“大医传承”文化工程，到各社区讲保健知识。正当他事业如日中天的时候，2011年冬竟溘然长逝。天南海北的弟子都来给他送行。我们悼念他，就是要继承他的遗志，把他未完成的大业进行到底。他毕生的理想就是中医的复兴，用他自己的话说就是“中医复兴之后，人人都知医，苍生无枉死；有病自家治，大病可商量。中医发展的高度成熟是天下无医，生民无病”。我们相信，如他所说的这一天一定会到来！

外甥　高振宗

2012年4月20日

深切缅怀恩师

“大医传承”文化工程启动六周年纪念活动讲话稿（节选）

今天，我们以这种特殊的形式来纪念郭老，非常好。刚才主持人说到《序》，这个《序》是怎么来的呢？我给大家讲讲我的感受。我和郭老可以说是知己，忘年的知己。刚才美国来的唐教授见到我，说我应该七十多岁了，怎么这么年轻？其实我的年轻正与郭老成为知己有关。我的夫人是学医的，另外我的儿子从出生到十八岁留学美国，这十八年没有到医院看过病，和谁有关系？其中一位就是郭老。在座的诸位父母，你们的孩子十八岁之前是不是没有去过医院呢？敢说这句话的人不会很多，而我的儿子就是从出生到十八岁没有去过医院。

刚才达成介绍，要培养娃娃学中医。我的儿子在三四岁就开始学中医，当时跟杨老学中医。这位老人家和我也是忘年交，当时国家中医药管理局要出一本书，叫《国医启蒙》——娃娃学中医启蒙，这位老人家让我写个序。我儿子在他那儿学中医，真是受益很大。后来我的儿子长大了，就和郭老学中医。由于这个特殊的原因，我和郭老结成了知己。

我和郭老的接触非常密切，郭老还常到我家去。为什么常到我家去呢？郭老当时讲学的一个重要地点是国防大学门口，离我家很近，郭老有时候就给我打电话，说“小蒋，我现在到你家去玩儿”。由于距离很近，所以郭老经常到我那儿去。可以说，郭老去世六年了，天天路过郭老门诊的人，估计我是唯一的一个。因为我家就路过国防大学，我每天都要从那儿过。大家想一想，每天路过的人，路过那个地方，是不是每天都在想着我们的郭老？所以郭老没有走，郭老就生活在我们中间。

郭老突然去世，我非常震惊，同时我也没有想到郭老的几位子女对我这么信任，让我给郭老写一个墓志铭，来纪念郭老的一生。郭老的这个墓碑怎么写？结果几个子女联名给我写了一封信，这封信的原件现在就在我这儿。我说既然这样，我一定把我对郭老的理解写成墓志铭。

郭老特别好玩儿，郭老就是一个孩子，天真极了。为什么天真？大家看过《本能论》了吗？这本书的封面是怎么回事儿呢？我给大家讲讲这个封面的故事。这个封面的寓意非常深刻。

第一，郭老对《本能论》的“本”有一个标志，那是甲骨文。郭老讲他为什么用甲骨文作为《本能论》的标志，原因是在中国的文字里甲骨文蕴藏了很多中医的智慧。这个标志不是随随便便的一个设计，根本不是。郭老是一个大家，他的每一处表达都不是一般的，富有深刻的含义。中国的文字里蕴藏着巨大的智慧。

有一次梁冬给我打电话，说要给郭老做一台节目，让我过来一下。我说郭老让不让我过去？他说郭老就点的我的名。那一堂梁冬的采访，当时我就讲了——什么叫疾病？“疾”指的是外因带来的病，“病”是内因带来的病。“疾”字里面是一个箭，箭的意思是从外面过得快，病治得快，好得也快。“病”字里面是一个“内因”的“内”，是内部产生的原因，这就和《本能论》有关系了。内部产生的原因，“内”上面加一横就成了“甲乙丙丁”的“丙”。丙指的是南方，南方主火，内部起病主要是这个人有火了。“疾病”两个字代表了中医内外两个原因。郭老在设计《本能论》这个“本”时，用的就是文字。

第二，上面有一个太阳，这个太阳出来多少？三分之一、五分之一。郭老当时跟我说：“东方欲晓，莫道君行早。”中医需要一批君子、一批仁人志士来推动，你要当那个初升的太阳。郭老曾说：“我是男人大丈夫，我的名字叫什么呢？生白。雄鸡一唱天下白。我不生白，不让天下白，我白活了一趟。”封面的含义在这呢。

郭老对中医文化有两大贡献。

第一大贡献，诞生了以本能论为主体的中医现代表述方式。郭老在中医理论上与时俱进，有所突破和创新，这是郭老作为当代名医的奠基之作。

第二个贡献，“大医传承”。郭老气象宏伟，他说“我要团结当代的名医”。他说“小蒋你要支持我”，我说“肯定支持”。所以我今天带了六年前的本子——“大医传承”，这就是我们基金会参与推动的。当时定在哪个地方？就在中国中医科学院。中国当代的很多大医都参加了“大医传承”。

郭老曾说：“文化启蒙太重要了，比治疗还重要。”治疗是有医，有医是什么事情？被动治疗。无医是自己就是医生，一定是自觉的。

◎ 郭老亲手创作的《本能论》封底图

大家看看后面的标语（会场），

“大医传承”文化工程，意义就在启蒙上。你一个人治病能治多少？治不了几个人，文化启蒙最重要。当时我和梁冬讲过一个问题：咱们中国在世界的文明古国当中保持中华民族没断绝，什么原因？我们中国有三个护身符。

第一个护身符是《易经》。《易经》让中国人以不变应万变。“本能”的“本”就是指在根本上以不变应万变，所有的药方都是技术体系的，那是万变的事情。“本能”强调的是“一”。

当时我去希腊考察，接待的人指着墙上的文字说那是西方的张仲景、西方的《黄帝内经》。我问它讲的是什么事，结果他一讲——西医先生讲的话跟郭老讲的话几乎一样。我当时在希腊就跟郭老通电话说：“郭老，说西医和中医不一样，错了，是近几百年来的西医和中医不一样，他们的老祖先和中医是一样的。”郭老特别善于学习，就把这个事写在书里了。所以天下本是一家人，不分中医和西医，都是一个事情，是后来给异化了。以不变应万变让中国面对所有的灾难都不怕，这是第一个护身符。

第二个护身符就是中医。我是学历史的，我是北京师范大学历史系毕业的，我们在学历史的时候发现一个问题：中国自古以来没有大面积的死亡。为什么？中医保命，中医让我们长寿了。

第三个护身符是汉字。中国的汉字是象形文字的图画。郭老设计的《本能论》的“本”就是一幅画。中国的文字特别适合设计商标，汉字可以直接变成商标，而英语不行。中国的汉字是最原始的文字，是最接近人性的文字，而拼音文字是异化出来的文字。中国这么大，地方方言又很多，但文字统一了中国。而西方的文字是什么文字呢？是方言形成的拼音文字。英国和法国离这么近还有两种文字。而且更奇怪的是，今天的英国人读不懂两百年前的英文，因为它用时代的语言变成文字，而中国是一定文字定终生，几千年不变的。

这是中国汉字的特点，这个特点造就了中国的护身符。中国历史上经历了很多朝代的灭亡，自古以来中国的朝代名字从来没有叫过中国的。唐朝时候的中国叫什么？唐。清朝时候的中国叫什么？清。我们今天的中国叫中华人民共和国。“中国”两个字是文化的名字。

我今天就讲到这里，谢谢大家！

蒋晔

中华社会文化发展基金会执行副秘书长

2017 年 5 月 15 日

附文：解读郭生白先生赠作品

这一幅作品是郭老亲自送给我的（2010年虎年），在这里我给大家念一下。“庚寅元宵雪打灯”，第一句话的含义，大家想一想，中医是一盏明灯，现在中医没有复兴，是漫天的大雪要打这个灯，元宵的大雪要打这个灯，这是郭老要表达的意境。

“三胡书生论本能”，“本能”就是指本能论。“三胡书生”，郭老认为自己就是一个书生，其实他的学问很大。另外“三胡书生”，为什么用“三胡”呢？各位朋友，你们这次去武强的时候，一定去看看我写的碑文。在郭老去世之前，我是没见过郭老的孩子的。郭老去世之后他们为郭老修墓，要有个碑文，他们就给我写了一封信，说我是老爷子的知己，这个碑文必须由我来写。按道理来说这个碑文应该是家里的子女写，一般不让外人写的，结果由于这封信我就写了。那么写的时候我就把“三胡书生”写进了碑文，哪“三胡”今天我不说了，大家去武强的时候，去纪念老爷子的时候，看看碑文是哪“三胡”。

第三句，“焰火烛天心自远”，这反映了郭老的远大志向。他胸中如有一团火焰

在熊熊燃烧，燃烧到什么地方？要把这个火烧到天上去——他的心想得非常久远、长远。

最后，“笔行纸上细有声”。这个纸是宣纸，很薄的宣纸，那么他在纸上写书法作品送给我，他要表达他的心声，让我去琢磨。细有声，在琢磨。

这个作品特别重要，今天我给大家展示一下。所以郭老没有走，书法在，他的思想在，郭老就没有走，郭老一直和我们在一起。

——摘自蒋晔《纪念郭生白先生逝世八周年》讲话稿

《生命力的见证》之郭生白先生

（摘自梁冬著作《处处见生机》）

我非常幸运，在生命中碰到几位恩师，他们对我的影响很大。其中有的老师已经走了，以后的人都没机会见到他们了，就是同时代的人大部分也没见过他们。在这里，我想借由我的讲述，让大家认识他们，曾经有这样的一些人在这片土地上生活过，还离我们这么近。

……

还有两个老先生，虽然没有活到九十，但也是属于长寿的，其中一个是郭生白郭老。郭老太勇猛了，八十几岁的老先生了，站在讲台上一讲话讲八个小时，不用话筒的，声如洪钟。他八十四岁的时候还在讲课，讲对于疾病的一些看法，在讲堂上讲话用力很猛。

我当年拜郭老为师的时候，磕完头，他把我拉到一个房间聊天。他问我："你想问什么问题吧？"我说："到底生命是什么？"他说："你看张飞张翼德，翼的德就是飞。翼就是翅膀，翅膀的功能就是飞。刘备刘玄德，玄德的意思就是黑色的德，就是收纳，是为了备。"我说："然后呢？"老先生说："就是你要有所能，你要有能，你要做功，功是什么？简单地说'功'就是能够带来'位移'，物理学里面讲的功等于力乘以位移，并且那个位朝着你的力的方向，所以所谓功就是你希望它去哪儿，你能把它推动到哪儿，那就叫功。话是同一个世界同一个梦想化出来的。你能够让别人得到他想得到的东西，这就叫德。你通过让别人得到他想得到的东西，然后推动大家走向你想推动的方向，这个叫做功德。那么道呢？道就是走过的那条路，最简单的路，最方便的路，最直接的路，那条路叫道。"

我认为师父不光是讲大道理的，还是讲生命解决方案的，书里讲的都是大的，小的都是磕头才讲的。于是我说："来一点实际的，师父，你给我讲讲女人到底是什么？"师父老泪纵横，他给我讲了一个故事，这个故事我相信师父是愿意让我讲出来的。

他说："当年我们拜把子兄弟九个人，我排行老六，老五死了，然后大哥、二哥他们坐下来商量：老五死了以后，嫂子怎么办？他们看兄弟里只有我还没有结婚，说：'老六，要不然你跟嫂子过吧。'当时老大还问：'你喜欢吗？'我说：'挺好的，嫂子挺漂亮的，人挺好，性格也温和，但是不知道嫂子愿不愿意。'于是他

◎ 郭生白与弟子梁冬

们就去问嫂子愿意不愿意，嫂子也愿意。老大说：‘那好办，大哥做主，大家拜把子兄弟，老六，你就跟老五的老婆一块儿过吧，你把她娶了，你得给人家一个名分，不能这么过，得给人家一个名分的。’我回家后思前想后，觉得不能对不起哥，就跟嫂子说：‘嫂子，这样吧，这一辈子有我一口干饭，就绝不让你喝粥，但是我不能对不起哥。’第二天嫂子悬梁自尽了。”老先生在那儿哭，我也不知该说什么。等郭老的情绪平复下来，我问：“那您怎么看这件事？”他说：“你得问自己，当时喜欢不喜欢嫂子。如果嫂子喜欢你，你又喜欢嫂子，你当时拒绝，你是真的怕对不起哥，还是怕别人说呢？其实是怕别人说。”他说：“人要活在一个真实的自我世界里，没有真，会很可怜的。其实没有多少人会关心你最后怎么样，人家怎么说也不重要，重要的是当事人——你们两个人，她喜欢你，你也喜欢她，她也能嫁，你也能娶，有什么不行呢？你非要最后搞到嫂子自尽，你遗憾终身，有什么意义呢？”我听完这个故事就觉得这个师父没白拜，师父把最真的东西告诉你了。

你跟老人聊天，他们就是有东西跟你讲，而且特别有意思。有一次我问郭老：“这个世界上到底有没有那种占卜特厉害的预测术？”他说：“当年的老北京特别有意思，那时的天安门可不像现在这样，当年的天安门有很多树，那些树跟中山公园的那些老松柏是一起的，一直连着长到前门，所以以前前门前面是一片森林。大家在天安门那儿玩儿，那个时候我们的糖葫芦不是像现在这么一串的，是一丈长的一个大签子，一个一个大苹果蘸着的，很便宜，很好吃。当时你吃一个就摘一个下来。”他停顿一下接着说：“每天我骑自行车，从前门骑到后海，在银行工作。当时在天安门有一个人算命特别厉害，报纸上经常出现他的名字，每天穿着大皮袍子坐在那儿，一群人先听他吹半个小时的牛，把当今国际形势之类的讲完了之后就一群人挨个儿说，一人送三句话，你怎么样、他怎么样、你老婆怎么样、你身体怎么样，讲的都很准，讲完之后大家随意给钱。有一次我有一件事很困惑，就去问这个人该怎么办，后来我俩变成好朋友了。”

这个人就跟郭老说：“其实所谓命理，无非常情。你看人看得多了，你就知道这个人是一个好吃懒做的人，你告诉他，再这么吃下去，一定坐吃山空准没错。你一看这个人精血亏损，就是不止有一个老婆的人，你告诉他外面那个搞不定了，他一定觉得你讲的特别对。你看这个人满脸横肉，皮肤又粗糙，眼露凶光，就知道这种人迟早在外面惹事，再加上他脚上有一些瘀血，膀子上有一些伤口，就知道刚跟人家打过一次架，就说他这一架打得可不轻，如果下次再这样打，可能会被打死。这些东西你稍微花一点心思，先把国际形势一讲，让他对你产生信赖，再把话讲得开放一点，每个人自己都会补充的。你看到一个女的就说她命运多舛，爱情不顺，她一定觉得你讲的太对了——我就没见过一个爱情顺的人。你看到一个男的，你就说有小人暗算，这个男的肯定觉得你讲的特别好——谁身边没几个小人呢。”

算命只不过是常识，再加上个人自己的脑补就完了，所以明白这个东西之后，就是君子不占。我不排除真有能够通达未来的人，我这些年接触了那么多星相命理大师，以我看来，大部分的人是比别人更善于观察生活，更善于表达一个模棱两可的状况，并更善于激发人们自我脑补的意识。

弟子　梁冬

《国学堂》主持人、正安中医创始人

2016年8月

老战士郭生白

就要离开北京时，晚上十点，梁冬给我消息说："有一位郭老，你要见一下。"他没有给我更多的资料，只是告诉我郭老叫郭生白，一位满头白发的老中医。想想时间已晚，梁冬又给了我郭老助手的电话号码，说是姓高。

小高很快给我回消息："郭老明天上午会在研究院。"研究院在北京第二外语学院南门东两百米。

非常好的阳光，推开郭生白中医研究院的玻璃大门时，满头银发、一身蓝色布袄的郭老已经站在那里。我说是梁某人介绍来的记者，他只是握了握手，转身就进屋了。和我消息联系的小高手上拿着一张纸条，说这是郭老写的，然后示意我进屋。

老先生没有坐在他的大写字台后面，而是搬了张小折叠椅坐在桌边。可他还是不说话，像是站在镜子后面默默地看着我。

这样的开场总是有点拘束，我有点讨厌自己的身份是记者而希望是患者了。我开始介绍自己拍片的动机和计划，老先生眯着眼睛细细地盯着我，偶尔会亮一道光。这时候郭老的助手用纸杯为我泡了一杯龙井端上来，老先生发话了："用玻璃杯。"

我最爱尊重茶的人了，于是拖起椅子端起茶杯坐在他的面前。现在只要他一伸手，就可以摸到我的脉搏。

郭老开始说话。

他说中医复兴的时候就要来了！他说他有一个梦想，要用半年的时间，用最简单直接的办法辅导出一百个能治病的学生。他说将来要能有五千个学生遍布中国大地，就一定能把中医弘扬光大。

这个八十三岁的老汉挥舞着双拳，饱含着热泪说：“我要是不把我这一身的医术传承下去，我绝不赴死！”

黄剑

摄影师、中医寻访记录者

2009 年 12 月 5 日

忆恩师郭生白先生

读万卷，通古今，谱写时代新伤寒。
睽生命，观自然，生命本能历艰难。
世上病种万万千，内源外源分详端。
斗妖魔，除鬼怪，冲破万水和千山。
奋北上，下江南，只求为把中道传。
风口浪尖向前看，自身安危全不管。
熬肝血，透心机，不教弟子知半点。
苦少阳，甜厥阴，六经至此面目全。
赠之医道和经验，此心千秋万代传。
怜老人，惜儿童，一心想把心事办。
识感冒，治未病，医疗费用直线减。
老美头疼三高心，中华大地至此安。
披荆斩棘开阔路，还须我等去蒺藜。
宏愿已托后来人，星星之火定燎原。

弟子　王治国

2011 年 11 月 24 日凌晨三点

和中医师父郭生白先生的点点滴滴

（摘自王心强《和中医师父郭生白先生的点点滴滴》）

一、悟道的老中医

2008 年冬季，一次偶然的机会，我跟随一位老先生参加天地人中华文化论坛讲座，知道下次周日的讲座是一位年过八十的老中医郭生白先生的“中医生命科学本能系统论”。

一两周前因为读《六祖坛经》时突然想学中医，我到北京东单医药书店买了《黄帝内经》《伤寒论》等十多本中医经典，翻看后，觉得学习很难，就很希望能跟随一位中医老师学习。讲座两个小时，听到郭生白老师说，中医治病是靠人的生命本能，生命本能有五个特性，即共生性、自主性、排异性、应变性、守个性。当时我就惊呼，这个老中医是悟道的！其所说生命本能的五个特性不就是和六祖慧能大悟时所说的五个“何其自性”一样吗？讲座结束后，我要了郭老师的电话，买了本《生命本能系统论》（注：《生命本能系统论》为《本能论》最初的名字，未正式出版）。当时梁冬在中央人民广播电台做《国学堂》的节目，要我推荐国学和中医老师。听了郭老师的讲座，看了一个月、五六遍《生命本能系统论》，我就觉得郭老师肯定合适，就打电话给郭老师，说想请他去中央人民广播电台《国学堂》栏目讲座。郭老师说，只要是弘扬中医文化的，赴汤蹈火，在所不辞。他说周日在中国传媒大学旁边的中医研究院有公益讲座，欢迎来听。我家正好住在附近，我原以为他是在香山医院附近，没想到这么近距离。当时是周五。周日，我到他的中医研究院听讲座，讲座一个半小时，然后大家提问。

后来我每周日都去郭老师那里听讲座，其间给很多传统文化学者和修行者推荐郭老师，说郭老师是一位悟道的老中医，可以去听他的讲座。听了郭老师的公益讲座四五次后，我和他重提到中央人民广播电台《国学堂》讲座的事，郭老师满口答应。

有一次，我问郭老师：“您是怎么想到‘本能’的？”他说：“说出来可能没人相信。”我说：“您说说看。”他说，他自己在六十岁左右时，爱人、哥哥、叔叔都死于癌症，哥哥、叔叔还都是名中医，哥哥曾是沧州市人民医院的院长。他自己很伤心，他自己是中医，还是四代祖传，于是就开始钻研、用功。到了七十岁时，他基本上什么病都能治了。相反，他就想一个最基本的问题：中医到底为什么能治病？这么过了七八年，有天早上四五点钟，似睡非睡，似醒非醒时，他突然想到了“本能”两个字，当时自己浑身大汗，然后痛哭流涕，从此看任何东西都很欢喜很和谐。我说：“用禅宗来说，您这是参禅参话头，和禅师一样，您参‘中医为什么能治病？’这个话头，然后破参了，破参后登了欢喜地也叫登地菩萨，看任何东西就很欢喜很和谐。我跟随南怀瑾先生的学生王绍璠老师参禅也是用参话头这个方法。”

二、郭老师逸事

郭老师在平时聊天和上课讲座时也讲一些以前遇到的事，但他从来都是围绕“中医”和爱国、爱文化在讲，绝对不是回忆录式的。

讲到泻心汤时，他说自己出生后，他爷爷就蘸泻心汤给他来排出胎毒。不仅他是这样，他们家族的孩子出生后都这样排胎毒。他刚出生时枕的是《伤寒论》的草纸本。讲到传统文化时，他讲自己出生在阴历三月三，出生当天，爷爷开门时就见着自己的僧人朋友在家门口，拿着一套小孩子的僧衣僧帽说要收他为徒，后来他还经常跟随和尚师父到处吃素斋。他的名字也是和尚师父取的：名春霖，字润物，号生白。他自己对生白的解释：生人肉，活白骨。也许他的一生所作所为也被名字所表达。

讲到因祸得福，祸福相倚的智慧，他说自己被错划成“右派”，挨批斗，但那时自己的心里就是《伤寒论》，每次批斗完，自己写《伤寒六经求真》，浑身是劲，一点没觉得痛苦。

讲到中医不仅仅是开方子治病，很多时候只要顺应生命本能，顺势利导，就能让病好，就能身体健康，他说自己村子有一个老汉感觉不舒服，就推碾子磨玉米，磨两个小时，浑身出汗就好了。

讲到生命本能之强，他说自己老家的流浪汉，没什么吃的，生蛇都直接吃，数九寒天搭一个破棉被也不怎么怕冷，夏天还是破棉被，也不怎么怕热。

讲到民族感情，他说有人给他介绍华侨，要花一千万美金买他的一个方子，他说：“药方是我拟出来的，但不属于我个人，而是属于中医，属于中华民族，属于全人类。”当时这个人向他鞠躬道歉，说以后再也不给他介绍买主了。

说到中华文化，郭老师说，道家是讲人和自然怎么和谐的，儒家是讲人和社会怎么和谐的，医家是讲人自身怎么和谐的，佛家是讲物质和精神怎么和谐的。

南怀瑾先生的学生古国治老师拜访过郭老师几次，郭老师也把自己的《本能论》让古老师带给了南老师，南老师回赠了一套《我说参同契》。郭老师看后不久就开始讲辟谷，后来又推出辟谷茶，效果很明显。本来他是计划过年后和清华大学思想文化研究所羊涤生教授等一起去太湖大学堂拜访南老师的，可惜！

郭老师常对学员说：想发财，就不要学医做大夫。想发财，做买卖去。学医做大夫，保证生活温饱小康可以。

郭老师也经常提到教育问题，常说：子孙愚，多财增其过；子孙贤，多财损其智。

郭老师平时讲得最多的，还是畅想十年二十年后，大家都理解了生命本能，不滥用医和药破坏生命本能，真正实现“全民健康、中医复兴”，做到“人人都知医，苍生无枉死；有病自家治，大病可商量”，真正做到“天下无医”！

弟子　王心强

2011 年 11 月 28 日

悟道无名

一、学习经历之扎针

针灸是中医的一部分，但对于初学者来说，在自己身上练针还是很恐惧的。我当年跟郭老学习扎针时就这样，恐惧，给自己扎不进去——怕疼啊！结果老师说："扎针疼，那是不会扎，会扎针的话是不疼的。"我当时一听就来劲了，很想学这个不疼的扎法。

老师说："这个很简单，你手拿针但不用刺破穴位点的皮肤，不断地寻找针刺部位，疼的地方不是，一定会有一个针点是不疼的，就从这个不疼的地方进针，不就扎进去了吗？不疼也就不恐惧了。"我当时一试还真是，当扎一会儿后确实能寻找到一个不疼的穴位点，这样还真就学会进针了。

后来老师看我学得不错，就又告诉我怎样扎患者不疼还效果好的方法，就是用自己的手指肚尖摸患者的穴位。人的手指肚尖感觉很敏锐，当你寻经摸穴时手指肚尖下会有异常的感觉（必要是你诊断正确时），这时候扎针患者是不疼的，而且是效果最好的。

二、学习经历之号脉

望、闻、问、切，中医四诊。望、闻、问可以从书本上学习并掌握，唯独切诊，虽然从书本上学习了但在临床中很难掌握。

当年跟师学习时，老师告诉我，学习切脉不难，三步就会了。

第一步，先把课本上和古人书上讲的十二部脉背下来。"浮沉迟数，虚实滑涩，弦细紧洪"，就记这十二部脉，别的不用记。

第二步，先记住一个正常人的脉象。当时我年轻，我的脉就是正常的，于是乎每晚躺下后自己号自己的脉，并记住自己脉搏跳动的状态。

第三步，老师跟我说，"你得等着，等有缘人"，得他找到了一个标准的弦脉了才能让我摸，才能记住。也许我真的是吃这碗饭的，没两天就来了一个标准的弦脉患者。

从此以后，我记住了正常的脉，又记住了异常的弦脉，其他的脉象举一反三，这样就学会号脉了。

感恩老师真心教我，无以言表！

三、学习经历之写字

记得当年郭老跟我说："要想当个好医生，在练好内功的同时，尤其是去打生处（就是跟不认识的人接触）时，外在得有三招：一是坐得住，二是写好字，三是嗓牌亮。坐得住是有气场，以气压人。写好字是让人看着你有文化。嗓牌亮是说话干脆利索，不吞吞吐吐，让人看着不怂。"

当年我写字很难看，关键是不会写，记得当时郭老跟我说："想写好，两条途径：一，循序渐进，就是临帖，慢慢来。二，深入浅出，先练诀窍，练熟了再临帖。"我当时肯定是想先学快法了，然后郭老就教我口诀："字要长方，横平竖直，笔笔相连。"就这么三句话，郭老说记住每次写字时想着这三句话就行。我按照这么写没几天，嘿，还真是大有进步，字写得好多了，而今想来，每每发笑。

弟子　卢二灼

2020年3月29日于勤斋

“大医传承”文化工程启动五周年纪念大会发言稿

各位领导、各位朋友、各位师兄弟：

大家好！

今天我们聚在一起，是因为五年前的今天，恩师郭公生白发起的旨在传承、复兴中医，复兴中国传统文化的“大医传承”工程。恩师虽已故去，但恩师的遗志仍在传递，不断有新的学习者在加入。本能系统医学的受惠群体越来越大，为了纪念、缅怀，也为了学习、交流，每年由达成师兄召集这么一个活动。

现在，全国都在响应党和政府的号召要复兴中国传统文化，因为一个伟大民族的复兴最终必然是文化的复兴。而复兴始于继承，继承则必定完成于发展之中。因为古今的时空不同，所以继承一定是在融合了历史经验的发展中得以实现的。

今天，中国正走向历史上最大的盛世。在这个发展的大机遇下，作为传统文化的重要部分——中医，首先迎来了重大的发展。

今天我们解读生命的“本能论”，什么是病？什么是治病？以前大医治病，成功是为什么？没成功是为什么？针灸、推拿、汤药为什么都能治病？现在这些都清楚了：是因为生命自己有保护自己、治愈自己的本能，医生就是帮助本能的，对生命认识得越多，帮得就越到位。中医再也不是说不清的玄奥之学了。在这一理论指导下的方法系统逻辑清晰，方法准确，疗效一流。

很多以前不能治的病现在也能治了，且易懂，好学，容易复制。也正因此，恩师提出了他振奋人心的医学理想：让天下人都知医，进而都会治病，最后达到天下无医，生民无病。这种旷古绝今的雄心大志，表达的是怎样的自信和胸怀！首先感受到这一点的是我们这些学习者，因为我们同时也是第一批受惠者。学而时习之，不亦乐乎，不亦信乎？现在在场的师兄弟中有多少人相信这一理想是可以落地的？我是相信的。但是，这么美好的一个医学，这么巨大的进步，现在却只有一部分人认识和享受到。因为没有被广泛地认识，经常看到身边一些完全可以避免的伤害和悲剧频频发生而无从援手，只能为之扼腕。

中医学发展了，但中医的复兴之路还很长，既需要在座师兄弟的努力实践和传播，也需要社会、需要政府的认可和支持。我想我们会得到的。第一，我们的政府和百姓都有这种愿望——全民健康、中国富强，这一愿望的实现是任何人都不能阻止的。第二，医学是用于实践的，是可以接受反复检验的。希望有那么一天，能有一个平台，所有的医学都可以在这个平台上平等地进行临床对比，交流学习，让能为老百姓治病的医生站出来，让能解决健康危机的医学得到传播。

今天参会的许多师兄弟我还不认识，在学习的视频上你们可能见过我。有的朋友在相熟以后说："你们参加面授的人怎么那么笨，师父等着提问，你们都问的是什么问题啊。"是啊，面对一群才德俱薄的弟子，恩师还是如此有耐心。不是我们不珍惜，确实是能力有限提不出问题。这种能力的不足不只是体现在提不出问题上，还体现在对师父展示的智慧的理解的巨大差距上。记得师父当时曾说："我们这种辩经式的教学模式应该保留传承下去，这种方式在中医的传承历史中从未有过，这是来之不易的。"并提问："谁知道为什么不易？"一位师兄答道："因为只有师父一个人有能力做得到。"师父摇头，没有作答。今天我才领悟到：因为我们所讨论的是生命科学，是真理，而真理是不怕辩论的。换句话说，因为我们所遵循的医理、医道来自天道，是大自然的规律，而非人为杜撰，大自然只有神奇没有神秘，而神奇是能被人认知的。

现在想来，韩愈在《师说》中所说的师道，"师者，所以传道、授业、解惑也"，恩师全做到了。

恩师传的是医道，是生命之道，是自然之道。他曾说："中医是辆车，可以载着中国文化走进人们心里，因为中国文化的根是同一个，是天人合一，是和谐。"愚笨的我在这个医中浸淫了五年才对这一点稍有认识。本能论把本能分为十一个部分认识，其中有一个自塑本能——生命能根据生存的需要塑造适合自己升降出入的形器，中国传统文化的其他系统对生命、对自然的形成也有类似的表述。比如，大家所熟知的古代神话——盘古开天辟地。盘古长一丈，天地长一丈，最后天地形成了，盘古把自己化入天地之间——呼吸成了风，血液成了江海，骨骼成了山岳，毛发成了树木花草，左眼成了太阳，右眼成了月亮……这不就是大自然自塑能力的人格化表述吗？再如女娲补天。天漏了，地斜了，女娲炼七彩石补上，这不也是大自然自我修复本能的人格化表述吗？带着本能论对生命的解读，我走向其他文化门类时大有茅塞顿开的感觉，不禁感叹：生命太美了，我们的文化太美了，中医太美了！

说到授业，师兄弟们人人都有感受，五年来以此为业、以此为乐的远不止我一人吧。恩师如他所说，把病的成因、病的趋势、方法的选择、方剂的运用、药物的组成、药物的"个性"都跟我们说了。这么捧着心、耗着神一遍遍手把手，把我们想得到的，包括没敢想得到的都传递给了我们，其中有多少是别人花一生心血也得不到的秘密！他是要授予天下人的。他说这世上没有秘密，只是金针不度人，中医如果都守着自己的东西，传男不传女，传内不传外，中医就不会发展了。不藏私这本身也是一种文化，于恩师这是何等的胸襟！

我有个对中国文化有点认识的朋友，他在谈到中医时张口就说：中医不讲逻辑。这真是一语中的，打到痛处了。今天在本能论指导下的系统医学最讲逻辑了，讲的是生命的逻辑。比如《伤寒论》上有两个方子——桂枝去芍药加附子汤和桂枝加芍药生姜人参新加汤，都是针对过度发汗造成的坏病。其不同之处，一个是造成身疼痛，一个是身恶寒。这两种病势，一个指向功能降低，一个指向物质缺乏，两个不同的方剂是两种因势利导的方法。恩师讲解时，将其引申到生命的基本活动——阴阳互根（物质和功能的相互转化活动）。当这一活动过程缓慢时，物质和功能都降低（阴阳俱虚）。怎么帮助本能恢复生命活动的正常？这就涉及补法了。那么是补阳（补功能）还是补阴（补物质）？恩师举例说，你去帮助一家人，他们没工作，没有吃的，因为没吃的，又没法去完成工作，怎么帮？去调查一下，对于好吃懒做导致这一穷困的和长期营养不良导致没法干活的，帮法不一样：一个是给鞭子，一个是给馒头。这就是补阳和补阴，都是为了启动自主运动，补错了就起不到作用。具体到病上，补阳是针对整体动力不足。从症状上看：周围组织供血不足，恶寒，四肢厥逆出冷汗；甚至头部供血不足，但欲寐；肠胃供血不足，完谷不化、呕；脉沉微细弱……从脉从症综合判断，总的是以心供血不足为主要矛盾时补阳，并且这个补并不只限于阴性病，在有排异趋势时出现心功能不足一样需要助阳排异。要守大自然的活法，守无法之法，不要被人定的框子管死了。这个惑一解，那么什么时候要助阳用附子，什么时候不能用，是多么清楚！学医者能少走多少弯路，少受多少误导！这才是度人的金针，真是智慧的一点差别，带来的认识和行为就是云泥之别。

回忆当年受教的情景，可以无范围、无限制地提问，无论是关于医的、关于文化的，有问就能有答，多么幸福啊！这样的完美，这样的智慧，这样的博大，这就是我们的师父。

下面浅谈一下亚健康。亚健康在《本能论》中有具体论述，是一切大病发生的源头。要治一个病就得先了解这个病是从哪里来的，这样才能知道它能从哪里走。亚健康最大的两个来路，一个是滥用对抗生命的化学药，另一个是长期的精神抑郁。而这两个来路又同样来自一个源头：不了解自己，不了解生命。由于不了解生命本有保护自己的能力，而错误地用毒药和手术刀对待生命；不了解人只是万物中之一物，你或我只是万人中之一人、家庭中之一员，只如同生命中之一个细胞，你之所想也是别人之想，你之所恶也是别人之所恶，帮助别人得到他想得到的，别人也会让你得到你想要的，让别人远离痛苦，你就能收获快乐，这是天人合一观念在社会生活中的运用。用儒家的话说，这是“己所不欲，勿施于人”，是“老吾老，以及人之老；幼吾幼，以及人之幼”。用现在的话说是创建和谐社会，因为大自然是和谐的，生命是和谐的，人组成的社会也应是和谐的，和谐的才会是美好的。这么想了，这么做了，哪还有烦恼，也就不用去治愈烦恼了，“本来无一物，何处染尘埃”。这些方子、这些药，我们文化中到处都是。

恩师说：“我讲着讲着医，就讲到文化上去了，因为它们分不开，中医本身就是文化，传承发展中医就是传承发展中国传统文化……”今天我们再一次认识恩师，认识我们之所学，也就更清楚我们是为了什么而学——是为了我们自己，更是为了我们的子孙万世能传承祖先的智慧。

今天我借用张载的四句话对恩师、对本能论做个总结，同时结束我今天的发言：“为天地立心，为生民立命，为往圣继绝学，为万世开太平。”

弟子　李晓东

2016 年 5 月 15 日

郭生白先生逝世八周年纪念活动发言稿

各位领导，各位嘉宾，各位老师、师兄：

大家好！

感谢大家来参加恩师郭生白先生逝世八周年纪念活动暨第十七届本能系统医学交流会。今天我想与大家分享一下我经历的一些事情和感受。

我自小体弱，妈妈身体也不好，所以我很早就有当医生的梦想，高考时填报的志愿全都是医学院校，因为分数不够被调配到北京中医药大学的护理学专业。当时我是抱着一点遗憾去的，因为分数其实够山西医科大学临床医学的本硕连读。带着这样的遗憾，我在大学里选修了医学专业课程，还参加了医学相关社团。

在一个中医社团组织讲座时知道有一位民间的老中医很愿意和学生交流，于是我去拜访先生沟通讲座事宜，这位老中医就是我的恩师郭生白先生。记得当时是2006年，敲开首都师范大学校医院中医科的门时，映入眼帘的是两位白发的老人，一位是正跟患者侃侃而谈的先生，一位是在默默抄方的助手女医生。等到先生下班，和先生一起回住的地方继续沟通，居然是坐公交车，我有点担心，但是很快事实证明，七十九岁的老先生身姿矫健，根本用不着我来搀扶。当时讲座先生讲的就是本能系统论的相关内容，当他讲到对于高血压、糖尿病、肿瘤的认识和治疗效果，作为学生的我们都很惊讶，这么高难度的疾病在他那里真有这么简单容易吗？

2008年前后我实习期间，我父亲检查出有大病的可能，在奔波了几家大医院还未确诊的情况下，我想到了先生，于是带着父亲去了先生在射击场附近的居所。当时接待我们的是刘丽萍师兄，后来才知道她是被医院放弃后父母求到了先生那里，先生把她接到家里治疗看护的。我们见到时她已经可以帮助师父处理一些日常事务了。我父亲用药半年后指标降到了正常范围，见到他的人都说他整个人的精神面貌有了很明显变化。

2008年7月，实习结束后我去了医院工作。同年11月左右，先生的公益讲座“说白《伤寒论》”于每周末在中国传媒大学附近的研究院内开讲。还记得那年的初雪来得特别早，11月就大雪纷飞。窗外严寒，窗内大家听先生讲课听得津津有味，激动不已。每周一次的公益讲座，很多人次次都去，正是在那里我遇到了武京予、梁丽文、曲军、唐亮、乐潜山、王心强等众位师兄。至今仍记得2009年，初春三月时节，先生讲课中的一句话“如三春之杨柳，悠然而自得”，这不正是先生当时给我们的感觉吗？先生徜徉在他最崇敬的仲景先师的《伤寒论》中，娓娓道来它的深意，旁征博引，信手拈来，我们深深叹服于先生渊博的知识、深厚的传统文化和中医功底！

时间到了2009年年底，先生说要开诊所，如果愿意可以跟着他去学习。我觉得这是一个很好的学习中医的机会，于是辞去了工作，在2010年3月时到了国防大学的门诊，正式跟随师父学习中医并处理一些日常事务。从那时候开始，师父重新整理本能论的相关内容，他手写我电脑输入，常常第二天他一早来时递给我很多张手稿，我输入完打印出来交给他校对，全部整理好后师父又让打印出来几份，让我和多位师兄一起分组校对，最后又由他再次校对。定稿的那天早上，到师父松林公园的居所时，看到师父因为连续几日校对而一只眼睛充血，我心里充满了沉甸甸的感觉。

2010年年初，公益讲座的地址也由中国传媒大学附近的研究院搬到了国防大学这边的门诊。公益讲座继续进行，“说白《伤寒论》”讲完后继续讲解本能论。同时师父开始为“大医传承”的事情奔波劳碌，不断和各方洽谈，试图把院校教育和师徒传承的教育相结合，短时间内大批量复制合格的中医传承人。最终，在中华社会文化发展基金会蒋晔副秘书长的帮助下，本能论公益基金成立了。师父又与当时中国民间中医医药研究开发协会的沈志祥会长联合发起“大医传承”事宜。师父不断地与各方领导、友人面会争取支持，在科技部贾谦老师的陪同下带着腿伤在寒冬里奔波，在北京邀请祝总骧先生、陆广莘先生，两次南下聘请朱良春先生、周仲瑛先生联名发起项目。2011年5月15日，“大医传承”文化工程启动仪式在中国中医科学院的会议厅里如期举办，会议得到了国家中医药管理局和多方领导的鼎力支持。6月15日，“大医传承”授课在诊所二楼正式开始。

一路走来，我亲眼见证了这位可敬可爱的老人心怀天下的勇气与担当！先生去世后，我常常心怀愧疚，觉得自己的力量太小，无力去承担先生寄予的期望与传递给我们的责任，我甚至不敢跟别人提我是先生的学生。七年时间里，我把重心放在了家庭与养育孩子上面，经历了初为人母的喜悦，更经历了家人、孩子生病时的纠结与痛苦。生活阅历的积累，让我渐渐感受到先生的那种急迫是为了什么，但我不知道自己能做什么。

直到去年（2018年）年底，和郭达成师兄重新联系上，他告诉我本能系统医学现在有了新的发展，我决定去试试看他说的是不是真的。

在自己和家人孩子都用了新的功能性食品调理后，我确信了这就是先生所希望的本能系统医学的发展。真正地认识生命后，内、外源性疾病可以用一个方法解决。没有任何医学背景的人也能在很短的时间内学会使用，学会正确地防病、治病。这不就是先生所期望看到的吗？这正是先生所期望看到的！在换食学习班上，当听到师兄说“放眼望去，生灵涂炭”，我流下了泪，仿佛又回到了先生身边，看见了他对天下含灵苦痛的悲悯之心！机缘巧合的是，几乎同一时期承蒙三和书院刘力红老师的教诲，师承学习的刘淑珍老师的鼓励，还有敬爱的沈智庄师姐的点醒，我终于鼓起勇气想要承担属于自己的责任。

我渐渐明白，先生受人敬仰，不仅因为他是一位医术高超的大夫，更因为他把他历经种种磨难后终于发现的关乎生命的大道公之于众！本能论不是发明，而是发现！是中国传统文化的具体展现！是道！是生命的规律！它本自具足，只是人人日用而不自知！先生发现了它，知道了该如何使用帮助它，他把这些都无私地告诉了世人。人会在这个世界消失，但道是永恒的。因为这些，先生值得被万世景仰！

我也明白了，达成师兄受那么多人的爱戴，是因为他肩负起了中医世家传人的责任与使命，披荆斩棘，努力把先生发现的大道传播与世人。“为生民立命，为往圣继绝学，为万世开太平”，我在先生和师兄的身上看到了真实的展现！

当真正参与后，我才感受到了真理传播的不易！固有的思维、错误的知识甚至刻意的误导，导致人们的处境堪忧，人人承担着不正确的生活、饮食损害，遭受着错误的医疗方式和药源性、医源性伤害而不自知，或者即使知道也不懂什么才是正确的，怎样才能避免这些伤害。各种信息眼花缭乱，很多人无法也没有能力去分辨什么是真什么是假。在这种环境下，本能系统医学正如被掩盖了光辉的璧玉，想要让世人知晓可能需要一个比较艰难的过程。但是我也欣喜地看到，接受它、受益于它的那么多人，正在心怀感恩地真心去四处传播它，看到了在本能系统医学里发生的一个个奇迹，这些都不断地坚定了我对它的信心。

我感恩遇到先生、师兄，遇到本能系统医学！我也期盼越来越多受益于本能系统医学的朋友们加入进来，一起传播本能系统医学，一起守护我们的家人、朋友和天下人的生命健康！一颗颗真心累积，“天下无医，生民无病”就不是奢望，“全民健康”就能实现！星星之火可以燎原，九层之台起于累土。黎明前的暗夜充满了希望，太阳即将出来，新的时刻终将到来！

谨以毛主席的《清平乐·会昌》与众位师兄共勉！

东方欲晓，莫道君行早。踏遍青山人未老，风景这边独好。

会昌城外高峰，颠连直接东溟。战士指看南粤，更加郁郁葱葱。

弟子　韩晓红

2019 年 11 月 17 日

改变我一生轨迹的人
——恩师郭生白

一、结缘

2009年6月的一个夜晚，我失眠了，皆因一档节目——《重新发现中国文化太美》，播放的是梁冬采访郭生白的“说白《伤寒论》”。老人家以大白话说出《伤寒论》背后的高深之理，虽然那时候的我完全是中医的门外汉，但大道至简，也听明白少许。那个当下唯一的念想是去北京拜老人家为师，学习中医文化之道。

天遂人愿，通过电话，我找到杭州的诊所，拿到了《本能论》，开始自学，并把所学运用到生活中，对《本能论》中的排异性本能有了一定的认识。因为碰巧几位朋友流感，我运用书中的理念与方剂顺利地治愈疾病，让与我一起学习的朋友都产生了信心，感觉中医文化很美。

二、拜访

追求真善美是人内心深处的原动力。在学习、实践受益后，我希望能更进一步地学习，于是毅然北上。2010年6月的一天，我找到国防大学旁的门诊，并在二楼听了老人家一个上午的公益课。其中老人家无奈而悲哀地讲到一个患儿，明明是积食高热，建议父母给患儿断食，再吃点助排异的中药，而对方首先说的是赶紧送医院退烧，怕烧坏脑子。作为医者的老人家，只能眼睁睁地看着患儿去遭受医源性和药源性的伤害。所以老人家说，这不是医的问题，也不是药的问题，是文化的问题。这个故事让我感同身受，因为我的女儿两岁时也曾因积食发热，我给女儿断食，喂三黄泻心汤，当晚体温还在39.5℃时，我的父母说什么也要给孩子喂退热药，或是到医院打退热针，最后在我的一再坚持下才作罢。但那个过程有多煎熬，只有经历过的人才知道。而听了老人家的讲座后我才明白，根源是没有文化，无知，一直被错误的见解所误导。那个当下我明白：比起治病，改变观念更重要。

接下来，我很幸运地在老人家身边临床跟诊，看老人家与全国各地的患者沟通治疗。老人家对于来道谢的患者说得最多的一句话是：“你的病不是我治好的，是你的本能帮了你。”对于第一次就诊的患者，他更多的是建议，先认识疾病，知道病是怎么来的，又将是怎么去的。有些患者很心急，问自己的病什么时候能痊愈，老人家的回答很智慧。就拿黑龙江一位红斑狼疮的患者来说，当时他已经治疗了两个月，症状明显减轻，可他还是不放心，一再追问老人家，病大概什么时候能好。老人家反问他：“从黑龙江到北京需要多长时间？”当时我们都愣神了——这有什么关系？那位患者说：“坐火车大约十个小时。”老人家又问：“那如果坐飞机呢？”对方说：“不到两个小时。”老人家又问：“那如果走路呢？”对方无法回答。这时候老人家说：“你什么时候病能好，由你决定，我不知道。”我们这才恍然大悟，但仔细一思量，这是真理呀！我折服于老人家的大智慧，坚定了拜师的决心。

三、拜师

“师者，所以传道、授业、解惑也。”人生能得一明师是天大的幸运，而我成了幸运儿。依然清晰地记得，2010 年 9 月 5 日，我正式成为老人家的入室弟子，老人家送给我一幅《大道至简》的寄语，上面写道：“大道之所以简，是因对最复杂的事物精微认识，系统梳理之后，以至高至大的概括成为规律。至大对至细说，至简亦至繁也。”可是那时候的我未能理解其深意，还问了一些很幼稚的问题。比如什么是入室弟子？是不是吃住在师父家才叫入室弟子？什么是万人一方？什么是本能？等等。老人家并不嫌弃，而是耐心地一一为我解释。入室弟子是指中医文化传播者，任务是让更多的人认识生命，认识自己，认识本能，让人们自己救自己，而不是依赖有毒的药、割肉的刀。万人一方是不治病而愈百病，能愈百病是启动人体的自主调节本能。本能是人生而自带的各种能力，如自我修复、自主调节、排异等。师父每一次的解释、教导都让人豁然开朗。

师父就如一盏指路明灯，照亮了我的前程。也就是从那时候起，一颗文化的种子在我心里种下了。每个月我都会拿出十天时间在老人家身边学习。刚开始更多的是看老人家如何治病，比如一些常见病，感冒发热，老人家会根据症状开一些汤剂，很少超过两剂，就能痊愈。就像当时来势汹汹的红眼病（注：急性卡他性结膜炎），老人家开了一个中药方，并免费发到网上，那是谁用谁好，受益者无数。就算碰上慢性病，如三高患者，老人家用药也是有如神助，很多患者服药一两个月即可好转或停药，这让作为医学门外汉的我生起了信心，对于中医文化的传播也开始有了一些想法。恰在那时，《婴儿母亲》杂志的编辑向老人家约稿，恳请老人家写一篇孩子肺炎如何治。老人家思如泉涌，第二天我就看到了文章，感觉文章特别适合我们每一位母亲，于是向老人家提出请求，让集团内刊也一同刊发。老人家二话不说就把稿子给我誊写，于是就有了2010年10月，我们集团内刊印了3000册《孩子发烧母亲该怎么办》的相关文章。老人家看到内刊时特别高兴，并在讲座上说，希望更多的人去传播、转发，他不要稿费，只希望更多的人知医、自医。师父那颗大慈悲心，每次想起都让我落泪。虽然我在老人家身边看到、听到、切身感受到了老人家满满的爱，但由于老人家的理念过于超前，特别是万人一方的理念，不了解的人、不明理的人或别有用心的人开始在网上攻击老人家，说老人家是骗子，卖药的，假中医。我们这些弟子看到后特别气愤，明明老人家什么都不图，一颗赤子之心捧与天下人，可不仅不被认可理解，反被诽谤污蔑。有些师兄建议在网上删帖子，当师兄们向师父老人家提出时，师父淡然一笑，说了一段让我值得铭记一生的话："不用删。所有人说你是好人，你不见得是好人；所有人说你是坏人，你不见得是坏人。只有好人说你是好人，坏人说你是坏人，你才是好人。"是啊，人活天地间，问心无愧是大道。

正因为有师父老人家在前面领航，我坚定不移地走上了中医文化传播的大道。

四、相处

2011年4月15日，在"大医传承"正式启动的前一个月，老人家把自己的心愿告诉我，他希望用一年的时间教会一批人，让这批人能教会更多的人，从而达到"人人都知医，苍生无枉死；有病自家治，大病可商量"。虽然那时候的我对本能论理念已经深信不疑，但是格局不到，心胸不够，没能放下工作全心全意做一名志愿者，仅仅是利用自己的工作便利，让更多人自学《本能论》。而一碰到患者，我第一时间是去找老人家这个大靠山，求开方。最惊险的一次是我父亲生病，起病时仅仅是一剂白头翁汤便可解决，但师父开方后，家人去药店抓不到药（说剂量太大）而耽误治疗，差点阴阳两隔。直到十四天高热不退，父亲在生死关头，老人家不计前嫌，电话指导我辨证、开方，我直接去药店抓药，一剂药后父亲能睁开眼，两剂药后大便下，三剂药后热退病愈。在那一刻，除了感念师父对父亲的救命之恩外，我真正知道了自己所学不足，毅然决定辞职到师父身边做中医文化传播志愿者。2011年11月6日，我再次到师父身边告知决定，师父笑而不语。当我建议师父注意休息，不要星期天也上课时，师父却说"不行，得抓紧时间上课，要不来不及"，并说接下来把重点放在"孩子发烧母亲怎么办，老人发烧儿女怎么办"这个课程上，如果能正确治疗发热，80% 的疾病就不会发生，这是从源头上做起，而且中医文化的教育需从娃娃抓起。师父越讲越兴奋，越讲越激动，时间在不知不觉中就到了晚上八点多师父该休息的时间。在师姐的一再催促下，师父恋恋不舍地让我离开，而且送我到门口，直到我跨出松林公园回头望，老人家还笔直地站在那。那一刻，我的心酸酸的，莫名地想哭。我怎么也没想到，这一别，竟然成为最后美好的回忆。2011 年 11 月 19 日，知道师父出状况，当晚赶到师父身边，师父一句“你来了”，成为今生最后的话别。

五、践行——师在与不在了无分别

师父的离世让我下定决心，此生一定按老人家的心愿去践行。于是我回单位的第一件事就是交接工作，离职，加入中医文化传播志愿者的行列，为“人人都知医”而努力终生。

2012 年 3 月，我收到崔勇健师兄提供的师父最后讲座“孩子发烧母亲怎么办，老人发烧儿女怎么办”的文字稿。在茹凯师兄、沈智庄师姐的建议和完善下，2012 年 6 月，我们自费印刷一万册书籍，免费赠予需要的人。其后我们在郭竞成老师的授权下，在周永琴老师的整体指导下，在专业编辑王菲老师、刘洋老师的无私付出下，由她们编辑、设计、排版，书籍内容则由沈智庄师姐、李国勇师兄邀请北京协和医院专家、北京中医药大学教授、北京大学教授等专业人士审稿，并收录梁冬师兄、沈智庄师姐、李晓东师兄的文章，前后历时三年，终于由吉林科学技术出版社正式出版《孩子发烧母亲该怎么办》。此书一经出版，短短三个月，一万册书籍就被抢购一空，之后的几年多次再版，发行量超过十万册。不得不说，这是由师父的无私大爱引发的。师父真正做到了《道德经》中的一句话——“死而不亡者寿”。

2015 年 6 月，或许是至诚感通，差点迷失的我，梦见老人家送给我八个字——“立金刚志，正己化人”。这个梦就如一剂猛药让我惊醒，从而开始建立网络平台，开设正己健康文化传播公众号，让每一位学习本能论文化者，先自我学习，后带动身边的人一起学习。短短一年时间，我们在全国开设了三十六个网络学习群，将近两万人在网络上同步学习本能论文化。两年前我们又开设了公众号，进行线上线下共同学习，让人人知医的理念走进学校，走进社会，走进企业，走进平常百姓家。

今年（注：2020 年）面对新型冠状病毒感染的流行，我们都很淡定，因为知道病该怎么来，自然知道病该如何去。在这样特殊的时刻，我们无比感恩师父，正是他的中医文化整体系统观念让我们能看清趋势，并用最简单的方法解决问题。

我深知本能论文化的传播任重道远，人人知医、人人自医的美好愿望还需每一位的参与。但我坚信，通过所有人的共同努力，世界一定会变得越来越美好，我们一起践行并期待那一天的到来。

弟子　朱笑葳

2020年2月2日

生命太神奇了

“生命太神奇了！”

电话的那一端我能感受到郭生白先生当时激动的心情。他说：“宇宙是个巨系统，生命是个巨系统，和谐共生，自主调节，升降出入，内外开放，生命太神奇了……”

这是有一次我正好走在西四人行道上，听到电话里郭老讲的。

之后的某一天，在郭老的诊室里，郭老和我讲起钱学森老人家的事：钱老曾说，中医是整体论、系统论，中医是从整体、从系统来看问题。中医理论的核心是辨证论治。中医现代化必将引起整个科学的革命……

郭老讲到兴奋处会站起身来，慷慨激昂，有时悲天悯人，时不我待；有时义愤填膺，刚正不阿。郭老给人的感觉是总有使不完的劲，有讲不完的话（课），有干不完的事，永远充满激情与斗志。有朋友讲，郭老比年轻人还年轻。他的谈笑风生、他的风趣幽默、他的睿智深刻、他的敏捷干练，集学识、大爱、勇猛、智慧于一身，只为坚守“捧出中华民族的和谐文化，捧着创建和谐社会的春雷，要为人民的健康鞠躬尽瘁，死而不已”（注：此句出自郭老的文章《论中医复兴》）的人生信条，奋斗一生，无怨无悔！

郭老的干劲是从哪里来的呢？

“问渠那得清如许？为有源头活水来。”

郭老的激情与智慧，自有源头活水——顿悟生命本能！

郭老悟道的经验——有一次郭老跟我讲，很多年前他就一直追问，中医是怎样治病的？中医到底为什么能治病？为什么吃下去药就好了呢？它是怎么个好法？而且中医众说纷纭，没有一个统一的说法，导致中医说不清……大概过了七八年，有天早上四五点钟，似睡非睡，似醒非醒时，他突然想到了“本能”两个字，当时激动不已，一身大汗，之后又痛哭流涕，再之后就看什么都顺眼，都喜悦，都和谐……郭老说着，又好像回到了当时的情景——这不就是本能嘛！一下子提高了嗓门。他说，靠生命本能病好的啊！接下来，他就顺理成章地悟到了生命本能论的五大生命本能系统，而且重新诠释什么是疾病，不但颠覆了医学界的认知，而且几乎颠覆了所有人对疾病的认知——疾病是生命自我保护、自我排异、自我恢复健康的生命本能反应，当自己的力量不够时，我们借助中医药的力量顺势利导、帮助一下，所谓的“病”就好了。可惜人们都错会了生命的神奇，不但不帮助还在那里伤害生命的本能，堵塞生命内外开放、上下升降的通道。那这是在保护生命，还是在祸害生命？

郭老一讲就能讲一个下午，那种神情，那种投入，那种坚定，那种忘我的精神，为了中医复兴，为了天下无医、苍生无枉死……好像一辈子就是为了干这一件事！正像孔子讲的，“吾道一以贯之”。我相信在场的人没有不被感动的！

由此，郭老创立生命本能论，提出“大医传承”的传播与实践，上承《易经》《黄帝内经》《道德经》《伤寒论》等中国文化思想、中医思维及方法，结合现代科学等先进理念与精华，兼收并蓄，博采众长，与时俱进，承上启下，开启了中医现代化的又一新征程！

医学的未来是中医现代化。其内涵：一，包括对中医过去一切成果的积淀与升华，以及与各学科等现代科学的有机融合，展现于现代舞台；二，解决当代现实问题，包括亚健康、疑难病、“终身病”及瘟疫等；三，为未来指明方向，提出切实可行的方案，并经实践验证效果显著。

郭老曾经说：“张仲景的《伤寒论》对人自身内部的问题解决得非常透彻，有成熟有效的方剂，但没有提出理论系统。一千八百多年后，这件事我来做了，我提出了一个‘生命本能论’的理论系统，这个是道。”

生命本能论与现代医学之精华相结合，契合现代人的认知思维特点。郭老把中医“讲明白”了。为什么郭老有一公益讲座叫“说白《伤寒论》”呢？即为此意。

生命本能论这一富有时代气息的独特理论，是在解决了中医“说不清”问题的基础上，对医圣张仲景《伤寒论》的继承和发展。他说：“五十年的痛苦思考，中医从《伤寒论》中走出一个生命本能系统理论。本能系统论诠释了中医的核心思想，对中医的整体观念、辨证施治、治未病、模糊理论、不可复制等种种质疑都给予了圆满的回答，并且在对传染病及慢性功能性疾病的治疗上产生了令西方医学难以置信的临床效果！我治的是系统的障碍，系统的障碍消失就是系统的疾病全部消失！”

从《伤寒论》的方法体系发展到《本能论》理论体系与方法体系的全面合一，郭老感慨万千地说：“原来人类千年追求的梦想，今天出现了！”

大道至简，生命本能论融合传承与创新，理论至简，方法至易，疗效显著，使中医学习简单化，传播系统化，运用便捷化，成本低廉化，为当代中医发展及中医现代化提供了一条切实可行且成效显著的路子。

写此文时，正值新型冠状病毒感染流行之际，在病毒肆虐、人心恐慌的时期，缅怀郭老十年前倡导发起的“大医传承”，意义殊胜！当年郭老针对严重急性呼吸综合征（SARS）讲到所谓细菌、病毒的问题，讲到中医所秉持的中国文化天人合一的思想及和谐共生的理念，以及讲到生命本有的排异本能系统，他曾游刃有余地说：“中国人从来没有怕过细菌和病毒，因为有方法。你若没有方法，再小的问题也害怕；你若有方法，再大的问题也不害怕。这是认识生命以后才可能有的方法。什么方法呢？我们的老祖宗早就发现了，生命有能力把它排出去。我们的中药就是顺势利导，起到帮助生命本能的作用。”

中医从来不害怕病毒，病毒来了，把它排出去不就完了吗？这个世界谁也杀不死谁，你杀病毒，只能使病毒升级，让它变得越来越强大。而我通畅你身体所有的通道，把病毒、垃圾全部排出去、清理出去，病就好了，花钱也少。

中医在解决传染病的问题，包括亚健康的问题，经验非常丰富。生命本能论的理论系统与方法系统使其变得更为简易——更易学、易用、易见效果，且易快速复制。尤其对治当下的新型冠状病毒感染，以“生命本能”的生态方剂来调养与防治，是最简单的“治”与“养”相结合的方法，相对来说疗效更显著，成本更低廉，且不留后遗症。

再回到本文。有几个细节，使“生命的神奇”变得更为可显、可观。在那时，我每次看到郭老喝粥（强生粥），喝完以后，同学帮他往碗里倒一点白开水，郭老把碗转一圈涮一下，喝了。当时，这个细节令我很感动——朋友，你能想到什么呢？只是因为不浪费吗？

所以，在以后的日子，每当我知道有朋友在喝郭老的粥食，我必定会说：“注意啊，喝完了再倒一点白开水把渣儿也喝了，效果会更好。”可不是嘛——诚敬心啊！

心之所至，诚也敬也。天下难事，必作于易。天下大事，必作于细。

还有一次，我曾经在场亲临这样的智慧启迪：有人请问八十多岁的先生是怎么养生的，郭老说：“我不养生，每天工作就是养生。”

如果说“养生才是治病，治病就是养生”的话，于郭老而言，养生就是工作，工作才是养生。这也诠释了我们尊敬的老师为什么学到老，悟到老，干到老，一刻也不歇息。老骥伏枥，志在千里。

不过，您可别以为郭老只是大医，他还擅长赋诗、书法、绘画（他画的马，别具一格）……正如孔子所言：“其为人也，发愤忘食，乐以忘忧，不知老之将至云尔。”

其实，我们每一个人都具足神奇的生命，具足生命的智慧！只要努力，再接再厉，“大医传承”必将为人类健康做出应有的贡献！

缅怀先师

出身中医世家，博览群书无涯。
勤求古训不泥，磨难著书坚毅。
一朝顿悟本能，大医传承精华。
天下无医宏愿，人人健康平安。
创中医现代化，谱华夏新篇章。

弟子　李烨

2020 年 2 月 23 日

郭生白先生倡导发起“大医传承”，吹响了中医复兴的号角

面对当前的新型冠状病毒感染，人们产生恐慌、焦虑的情绪，是相当需要关注的！

中医药不只是中华优秀传统文化中的瑰宝，更应该是整个人类文明中的瑰宝，这在当代中医药对治 SARS 的疗效中再次得到证明。

生命本能论的创立者郭生白先生曾经讲，SARS 是一个流行性感冒，在中医眼里，病毒没有分型，反正都是病毒，把它排出去就好了。大医邓铁涛先生运用中医的理论与方法，治愈了五十多位患者，零传染、零转院、零死亡、零后遗症，而且他的弟子中无一人被传染。这四个“零”，是全世界医学史上的一个奇迹。

中医的思维来自中华的根文化，来自“天人合一”的合一性与和谐性。中医对生命的思维，对疾病的发生，对疾病的治疗，对药物、方剂的选择、组织用均势、平衡的和谐思想，是顺应自然规律行为的。所以中医是道与德合一的和谐医学。

《素问・六微旨大论》云：“非出入，无以生长壮老已；非升降，则无以生长化收藏。是以升降出入，无器不有。”人体与大自然都有一个相同的本能系统。

郭生白先生经过深度思索，发现了生命的五种本能运动。其创立的生命本能论提出了生命本能具足的“自主性运动本能、共生性本能、排异性本能、应变性本能、守个性本能”五大本能系统，以及在此基础上衍生出十一大本能系统。

生命本能论，纲举目张，阐述生命之道，既有理论体系，又有实践方法。悟透“本能”，参悟生命实相，方可对中西医典籍融会贯通。

郭生白先生目睹百姓因疾病而遭受苦厄，痛定思痛，发愿开展“大医传承”。他认为只有从根本入手，方能掌握中医之道，把握生命之本；“师带徒”，教而不教，不教而教，潜心学习，体悟本能，用心实践，方可悬壶济世，为复兴中医而努力。

郭生白先生曾言：中医的生命科学内涵，自张仲景奠基以来，创造奇迹无数；如今经过诠释的生命本能论必将使全民解脱一切“终身病”的痛苦，走出亚健康，进入治未病的时代。

本能系统医学的出现，使治未病理论、方法相应成熟，而且可以在短时间传承下来，使广大的亚健康患者恢复健康，切断大病发生的源头，这就是中医复兴的内

在动力，是实现全民健康的过程与成果。中医复兴之日便是全民健康之时。

非常可敬、可幸、可贺的是，今天郭老的子孙、弟子及同仁继承郭老的遗愿，奋力前行，取得了新的发展和成果。

当年，郭生白先生联合著名大医倡导发起“大医传承”，吹响了中医复兴的号角！

我们衷心祝愿学人们沿着先辈的足迹砥砺前行，联合更多的同仁志士，为复兴中医文化、振兴中医事业，为中国老百姓，为天下苍生，为世界人民继续做出新的贡献！

弟子　李烨

2020 年 2 月 3 日

忆尊师

继 2011 年 11 月 21 日吾师长辞之际，已九年矣。每每思及师父，我的心中总是被几重情感填满——崇敬、思念与感恩。

历史睡了，时间醒着，师父的音容笑貌、谆谆教诲常常浮现在我的眼前。回忆起我有幸与师父结下师徒缘分，还是因为十二年前在电台节目里听到师父斩钉截铁地说“盲肠炎并不需要手术”。主持人疑惑地问道：“郭老，您现在可是在对着全国听众说话。”师父再次肯定。这激发了我的兴趣——是有怎样造诣的医者才能打下这样的保票？如果这样的医术真的存在，我是否可以学来为更多人解除痛苦？

带着一腔热血和一丝好奇，我拜入了师父门下。人的一生短暂，所见所闻、所思所感不过是沧海一粟。可我是何其幸运，因为遇见师父，可以在弹指而过的草木流年间与中医结下情缘，长度被限定的渺渺人生，竟有着可以无限延展的宽度。

昌黎先生有云：“师者，所以传道、授业、解惑也。”师父传授给我们的除了学识，更重要的是学习思考的方法。记得有一次上课时，师父向我们举例道：“黄芪可以治疗痈疽久败疮，还可以用来治疗甲疽，分析药性可知，其作用是改善微循环。”如此生动浅显的举例让我顿悟了“议药先议病，议病后议药”的道理。

师父的言传身教对我的影响是无穷的。我在学习医学知识的过程中对中华传统文化有了更深的了解，我们的课堂仍保留着课前课后行礼等传统礼仪。《法华经》有言：“以一灯传诸灯，终至万灯皆明。”师父以三尺讲台播天下桃李，便是要实现“人人都知医，苍生无枉死；有病自家治，大病可商量”“天下无医，生民无病”的宏愿。而每每提及师祖，其神情虔诚至极，讲到动情处或沉思，或哽咽，师恩深厚，由此可见。

千载烟云，碧海苍梧常有，恒久的坚守难寻。师父首创“大医传承”，做一根柔软而坚韧的细丝，将散落的中华瑰宝再次串联起来。学生愿怀着这份匠心，为中医学再添一笔心上灯花。

弟子　周爱萍
2020 年 2 月 28 日晚

忆先生三则医事

先生去世已有九年，我也在九年的磨炼中日益成熟和自信。因和先生关系特殊，所以在先生离世后我很少看先生的视频，一来自己没有那么优秀，怕愧对先生，二来视频容易勾起过往陪先生走过的日子。先生为人耿直，说话做事容易得罪人，而我生性胆小，做事小心翼翼，生怕犯错误。先生追求中医和献身于中医药事业七十余年，其医术精湛，医德淳厚。

在此，我想给大家介绍我初随先生学习的三件事。

第一件事，我在北京某医院工作期间，有三位同事想找先生看病，但又不愿意花钱吃先生的成药，于是搭伴到先生八大处住处，希望把脉，每人要个方子调理调理身体。司机王某患过敏性鼻炎，每酒后或受风寒后鼻塞，鼻涕横流不止，嗅觉失灵。药房的郑大夫一直血糖偏高，查有轻度肝硬化。医院法律顾问李律师患高血压、前列腺增生、排尿无力。三人和老先生说明来历后，先生给三人处了一方：柴胡 36 克，党参 30 克，生黄芪 40 克，枳壳 30 克，茯苓 40 克，泽泻 36 克，白芍 40 克，淫羊藿 30 克，炙甘草 15 克。共五剂，水煎服。当时我负责药房，院长批示后我帮大家煎了五剂，每人分了五六袋。司机王某服第一袋药后，自述鼻塞豁然贯通，头脑清爽。药房郑大夫服药后，疲劳体力改善，精神振作。而李律师最能体会先生用药的神奇。我和他一起坐车到良乡看商品房，在卫生间方便时，他说："你看，我原来排尿无力，吃了郭老的药后现在排尿有力，尿得也远。"现在每次和李律师见面，提起老先生，他常常赞不绝口，称郭老是大师。三人不同的疾病，一方取效，不在药之神奇，而在先生对生命的理解——人体气血津液的升降出入是人体生命的本能，治病无非不断强化人体升降出入开合的功能。其方贯通了补、通、活血、发汗、利小便、通大便之法，恰应人体升降出入开合之本能，不治症状之标，而治人体之本。

第二件事，是治疗李律师父亲的老年皮肤瘙痒。我先以常规思路，从血虚风燥入手，处方十四剂，药后有些效果；后改其他处方一周，效果一般。后先生处方：生黄芪 40 克，当归 30 克，白芍 36 克，地龙 15 克，桃仁 12 克，红花 15 克，炙甘草13克。三剂，水煎服。大剂量生黄芪加活血化瘀药，一剂取效。先生认为老年人动力不足，其皮肤瘙痒乃血瘀滞络所致。方中看不到一味治疗皮肤的止痒药物却应手而效，每谈此案，令人赞叹。

第三件事，有个患者患有半月板损伤，膝关节红肿，疼痛不止。他去北京大学第三医院、北京协和医院连找三四个骨科专家，一致认为除了手术没有其他办法。后经朋友介绍，他来找先生，先生说："你先不要手术，给我一个月的时间，如果不好再做手术也不迟。"先生给予生化汤和强生粥，连续服用一个月，其疼痛消失，行走如常人。每见先生面，他都给我们演示站起蹲下的动作，对先生医术赞叹不已。

以上是我记录的三则医事。

附：对于做学问的态度，老先生常说：做学问戒浅尝辄止，要深挖掘。譬如田间鼠洞，你看到外面跑的仅是一只，实际上是一窝。学习一个方子也是，它治疗的不仅仅是一个病，而是一群疾病。开方用药，要举一反三，要真正学精、学透每一个方子。

弟子　高东顺

2020年3月16日

缅怀恩师郭生白老先生

——纪念“大医传承”文化工程启动九周年

在这次举国上下抗击新型冠状病毒感染的时期，分外思念恩师郭生白老先生。老先生为了弘扬本能论文化，振兴中医，不顾耄耋高龄，呕心沥血，为“大医传承”文化工程的启动殚精竭虑……九年了，弹指一挥间，每思及此，启动前的情景历历在目，令人感动不已。

初识郭老是在2009年的本能论公益讲座上，几堂课下来，这个白发苍苍、满脸沧桑的老人独特的魅力的确让人刮目相看。他思维敏捷，课堂上几个人同时提问，他一一作答，毫无疏漏；他精力充沛，除去讲课，他回答学员提问，接待患者，案头手稿字画随时挥毫，策划“大医传承”文化工程等诸多事项，后得知老人每天只有五个小时的睡眠时间。最令人惊讶的是，身为一个家传四代的名老中医，他却毫不留情地在“批评”“批判”中医：为什么作为祖国文化瑰宝的中医屡遭诟病？为什么几千年来中医各家学说把后人搞得云里雾里不知所云？为什么没有人能够讲得清楚？老人家把莫衷一是的理论理念归结到其倾毕生精力钻研《伤寒论》所得出的生命本能系统思维框架之下，这不能不说是中医发展史上具有里程碑意义的革命和贡献。

东汉末年，瘟疫流行，医圣张仲景救万民于水火，走村串巷，集前人经验与临床实践总结出的那些经典方剂，至今依然流行于民间及殿堂级别的中医研究教育及临床医疗实践中。特别是在这次举国抗击新型冠状病毒感染的战役中，西医西药面对新问题几乎束手无措，跟在随时可能发生变异的病毒身后的追踪研究显得是那样苍白无力，而中医仅仅使用那几张经典的方剂就取得了显著的疗效，由此足可见其是经历了时间、实践的检验，效果好，立竿见影，成本低廉，可操控性强。

郭老穷毕生之力研究《伤寒论》，在经典著述《伤寒六经求真》等研究成果的基础上，于耄耋之年推出了此生的辉煌巨著——《本能论》，由此为“什么是生命？什么是中医？如何学习中医？”等诸多始终令人莫衷一是、繁复庞杂的有关中医的疑问给出了一个简明扼要的答案，一个有目共识的标准答案，一个迄今为止无可置疑的答案。老人家破解了《伤寒论》中隐藏的生命密码，提出了十一个生命本能系统医学理论，详细论述了这十一个本能系统医学理论的依据，并明确了构成中国文化主体结构的“三驾马车”，即儒、道、医的独家见解（需要特别说明的是，“释”

即佛教思想，并非诞生于本土，是外来文化）。道家思想，是以老子为代表弘扬的《易经》思维，即阴阳合德，终始嗣续，循环往复，周而复始，与大自然和谐相处的天道法则，以及顺天应时，天人合一，顺之则生，逆之而亡的生存大法。儒家思想着重教导我们如何建立人与社会、人与人之间的和谐关系。而中医则重点解释了我们生而为人如何建立自己和自己身体的和谐关系。

中医认为人是一个整体，就像人是宇宙整体中一粒微小的尘埃一样，离开了这个整体，一切都将失去意义，生命将不复存在。中医诊病也是透过现象看本质，牵一发而动全身，抓住主要矛盾，以四两拨千斤之力扭转乾坤，以有限的物质成本换取利益的最大化。

我们中国哲学所认识的宇宙其大无外，其小无内，人体这个小宇宙也如同大海中的一滴水，虽然微乎其微，却也蕴含了大海的所有属性。由此，中医的全方位整体学说与西医科学的线性思维之区别立见分晓。

这一次的疫情只限于应对肺部感染，《伤寒论》中几个经典方药稍做加减就可以解决大问题。但想让经历了太多打击尚苟延残喘的现代中医人扛起这个为全民健康保驾护航的重任实在很不乐观，中医要想强大起来，还真不是呼吁几下子，给点钱就能解决的问题，这也是十多年前郭老联合国内六老中医搞“大医传承”的初衷。当年八十岁出头的老人家争分夺秒地在与时间赛跑，然而天有不测风云，老先生“壮志未酬身先去”，留下了太多的遗憾。

斯人已去，但师父的弟子门生们始终牢记恩师教诲，为传播本能论思想，坚守着为复兴中医文化尽一己之力的传承誓言。

我以能成为师父的弟子而自豪，我要以师父那种“天下父母，皆我父母；天下儿女，皆我儿女”的无私挚爱悲悯之情，以“为天地立心，为生民立命，为往圣继绝学，为万世开太平”的博大胸怀为榜样，不断学习，不断进步。

师父毕生勤勉好学，至耄耋之年依然笔耕不辍，为人师表，行为世范，在三尺讲台点燃了中医教育革命的圣火。祖国中医文化历来有民间自学的传统，虽然未必都有行医执照，但家家血浓于水的亲情，浇灌出来多少有病自家治的“厨房医生”“妈妈医生”啊！从这个意义上来讲，爱心是中医得以生根发芽和广泛传播的土壤，不管现在面临多大的困境，依然会“野火烧不尽，春风吹又生”。师父为我们描绘的“人人都知医，苍生无枉死；有病自家治，大病可商量”“天下无医，生民无病”的和谐美景，早已经像参天大树下不为人知的暗影里的兰花一样兀自吐露着芬芳。

厚德载物。在本能论的大课堂里，我们更多感受到的还是师父的高尚情操以及无私大爱。老人家不止一次地强调过，不用动物药材，不为一己私利敛财，能用价格低廉的药材就不用贵重药材。遇到因病致贫的穷苦患者，师父不仅不收医药费，还会尽其所能帮助他们。每每念及此情此景，我总是会忍不住热泪盈眶……

乌云散去，光明终会来临。“大医传承”文化的种子浸润在春天的雨水中，定会生根发芽，茁壮成长的。弟子不才，再谢师恩！

弟子　沈智庄

2020 年 3 月 23 日

美丽的时光与中医的本质

九年过去了，而“九”代表天，希望郭生白师父的《本能论》能解决老百姓的病苦。

2005年我来到中国，在北京定居，先开始学习中文。2006年，我在北京中医药大学开始了本科学习，但是和想象中的中医学习完全不一样，不研究儒、释、道，中医经典成为选修课而西医内容特别多。我最反感的是西医动物实验，但最可怕的是中医药大学博士毕业后还是不会看病。我就在想，我是否在浪费自己的年华？

幸亏，我遇到了郭生白先生。第一次是他在中国传媒大学附近讲“说白《伤寒论》”，我当时特别感动，看到一位耳聪目明的八十岁老人免费讲《伤寒论》与他的研究成果（本能论）。没想到他特别欢迎与支持我，也许是因为西方人误解中医很模糊不科学，而他从我这里看到一个传播中医文化的使命者。所以我每个周日都听他的课并跟着他临床，先在中国传媒大学附近，后到国防大学附近，直到他开始讲“大医传承”，就更系统与全面地讲中医药方，我的临床水平一下子有了很大的进步。郭师父不只是一位中医大师，也是一位国学大师，他从小熟读古代诗词与儒、释、道经典，后来从中医智慧大法悟出儒释道的精华：天人合一，道法自然，无为而治，和谐，仁爱，因果，还有最关键的两个字——“中道”！

受到郭师父的影响，我2011年北京中医药大学本科毕业后就直接上北京大学的中国哲学系学习儒、释、道相关内容，而当时的硕士论文题目是《三教合一》。不幸的是，几个月后郭师父去世了。我当时非常痛苦，他不只是我的中医师父，我更是把他当作自己的爷爷，因为除了学习中医与儒、释、道以外，还学习怎么做人，生活当中他也给了我很多宝贵建议。

中医的流派很多，对同一个疾病其方法与药方不一样，没有统一的标准，因此西医认为中医不科学很模糊。其实中医很科学，有一个统一的标准，那就是人的本能，而方法是“执中和谐，顺势利导”。这是郭师父给后世的最大贡献，用科学的方法看清楚疾病的本质——“疾病是人的生命自然过程中，一个本能系统保护自己的过程”。这样来看，疾病不是敌人，而是友好地警示人们生活方式不正确，失衡了，脱离了自然规律与中道。因此，要仔细观察症状想要表达的病情趋势。我们人体的本能是大道在人体的体现，很完美，有智慧。所以本能是唯一的统一标准，也是治疗方法的答案，只能像大禹治水之理顺着它才能恢复平衡、和谐与健康。

我非常幸运能遇到郭师父，跟他学习，跟他治病，跟他生活。

感恩郭师父！

弟子　乐潜山

2020 年 4 月 2 日

悼念郭生白先生

午间上网，我本想写一写中药资源的论文，刚登录QQ就被告知郭老因胃出血在石景山养病，遂发短信联系同学们准备前去探望；回信还没收到，就在群里看见郭老病危，心跳停止，脉搏微弱；继而接到关兵权学长的电话，说郭老已经去世了。

念及与郭老时间不长但难以忘记的种种，我果断抛下手中的一切，约李哲学姐去见郭老最后一面。

在公交车上，悲伤难以抑制，眼泪也漫了出来。《坛经》末尾，慧能禅师训斥闻其将死而哭泣的弟子们："数年山中，竟修何道？汝今悲泣，为忧阿谁？"明明知道生死有命，但想到郭老就这样抛下一众弟子与患者，带着他满腹的学问和未实现的愿望与世长辞，心中还是怅然不已。是我修行尚浅，抑或与郭老感情太深？

头一次听说郭老的名号也是在公交车上，那时还上大一的我趁着夜色从望京赶到劲松花四百块在曾军庆先生那里购了一套光明中医函授教材，返校途中曾先生通知我郭生白老中医在国防大学做"说白《伤寒论》"的长期讲座。那时我还没有太重视，只是从网上下载了《郭生白论文集》，然后束之高阁。数月后想起，我打个电话询问，得知郭老已经开始讲本能论，查询国防大学的地址发现要两个小时的路程，觉得麻烦，又未能成行。今年五月，正在惑于医道纷纭茫然不知所从的时候，我听说郭老准备办"大医传承"，终于去听了郭老的课。之后尽管感觉麻烦，我还是一到周日就往国防大学郭老的门诊跑，"大医传承"文化工程启动仪式的时候也去帮了忙，借此认识了许多前辈和师兄。

暑假期间，郭老特意给有志于中医的大学生们讲了一星期的本能论，由于讲述的大部分是理论而非实用的方剂，急功近利的孩子早已不耐，结果听课的学生与日俱减，七天过后留下的人屈指可数。却有像关兵权学长那样的，听出个中三昧就直接磕头拜师了。暑期班结束的那天中午，郭老和大家一起吃了顿饭，向郭老敬茶时我草草说了自己与郭老的因缘，颇有恨晚之意。郭老只说："每天给诊所打电话的至少有两百来人，能打通也算难得了。"年轻人，总觉得来日方长，总认为还有太多光阴可以挥霍，于是肆无忌惮地把最珍贵的年华用在调笑、游戏上，不晓得惜缘，很多可以更进一步的机会就这样在玩乐的时候悄悄从身旁溜走了，而我们最终韶光虚掷，一事无成。

在郭老棺前向他叩头，周围的弟子们早已泣不成声。郭老！患者们在等待您的回春妙手予以救治。郭老！弟子们尚未完成学业，怎能离开您的鞭策。郭老！中医复兴的大业需要您来摇旗呐喊。郭老！您的学问品行大家传承得还远远不够啊。郭老！您说中医不兴您就不死，为何突然撒手人寰？“出师未捷身先死，长使英雄泪满襟。”

翻看《本能系统论语摘》，“人人都知医，苍生无枉死；有病自家治，大病可商量”已然成为郭老遗愿。“大医传承”开课半年有余，弟子们大都有所收获，郭老播下了种子，假以时日，必将硕果累累。

至于我辈对医道不离不弃的学子们，应当惜时惜缘，踏踏实实、精勤不倦地学习，救治病患，弘扬国医，如此方能不负长者遗志。

“大医传承”大学生暑期班　心离

2011 年 11 月 24 日

纪念郭生白先生逝世九周年

大约十年前,《国学堂·重新发现中国文化太美》的播出让我这颗爱好中医的心激动不已，开启了中医学习。《伤寒六经求真》把握伤寒高屋建瓴，提出六经病纲领，定性《伤寒论》为方法系统，前无古人地阐述少阳病，提出厥阴病的补充思路，乃郭老扛鼎之作。公交车上看书显得另类，但我乐此不疲，几次坐过了站点，但丝毫不影响我的热情。

“说白《伤寒论》”第一课“甲流的证治”，笔记显示为 2009 年 11 月 6 日，从此我开始了“说白《伤寒论》”的学习。一周一次的讲课，真的是不解渴，期待的感觉像恋爱中的约会，赶上节假日的停播，更是倍感煎熬。一期盼望着一期，“说白《伤寒论》”的学习是在期盼中结束的。

“大医传承”相关课程视频是全部录制完成才拿到的，因为工作原因不能现场听课，未与郭老谋面，我倍感遗憾。我买了一个较贵的笔记本以代表我崇敬的心，增添学习的仪式感，也代表“大医传承”学习的开启——用笔纸的方式，记录中医，记录郭老。闲时学，烦时学，值班时学，中医成为我生活的一部分。略带口音的讲解，戴上耳机是解决的好办法。聊天式的授课，拉近了我与中医的距离，也拉近了我与中国文化的距离。日复一日，年复一年，几本厚厚的笔记见证了我的学习，也见证了我与郭老。感恩!

郭老半辈子的心血是《伤寒六经求真》，一生的精华是本能论。本能论在众多传统辨证法的基础上，用排异法和自主调节法做了统一，简明易学，易用易效。郭老一辈子做了一件事，我想一件事做一辈子。

感恩，郭老!

“大医传承”远程班弟子　曹武军

2020 年 4 月 26 日

院子里的香椿树

——纪念“大医传承”文化工程启动十二周年

今天我想给大家讲讲最近反复涌上心头的一点感想。

上个月，郭达成院长武强面诊后带我们去了梅庄的老宅。院子里的香椿树长满了新芽，院长告诉我们，现在的香椿树已不知道是最初那棵小树苗的第几代“子孙”了。

我走进空荡的老屋，屋顶挂着旧式的老风扇，还有涂了蓝色油漆的铁架子床，在我很小的时候自己家里也有那种样式的床，一种似曾相识的熟悉感涌上心头。

我站在老屋的窗前，透过玻璃窗看向窗外的香椿树，心里想象着，师父在这个屋子里时，是否也曾这样无数次望向那株香椿树？看着它春天发芽，夏天繁茂，秋天叶落，冬天蛰伏，来年春天再次抽枝萌芽，在一年年的轮回中逐渐长大，就像送他这株香椿树的那位被他救下的白血病患者一样，一年年安然度过岁月。

我不禁又想，看着香椿树，他在想什么呢？我猜，他一定想过，让人闻之色变的所谓“血癌”，原来也不过如此。正如这株香椿树一般，只要给它一点点成长需要的帮助，即使遭受过风雨、虫蛀、灾害的摧残，也有顽强的生命力自我疗愈，依然能够顺利平安地长大。也正如他自己，经历了那么多腥风血雨的磨难，那么多生离死别的悲苦，依然坚强地生存了下来。

后来，当他在更清晰地认识到《伤寒论》六经辨证背后所包含的生命本能系统时，是否会更加深这样的感叹？原来我们身体本自有这样的自愈能力。从出生起，我们就自带了这样一套保护自己的生命本能系统，只是我们还没有认识到它。

“外观万物得天道，内视自我悟本能。”医者仁心，作为心怀天下苍生的医者，看到过那么多因不正确治疗、不认识生命而承担的本可不必承受的痛苦，甚至是带来因病致贫、家破人亡的悲剧，我理解他心中的无限悲痛。所以，当他在一次次看到所谓的终身病、疑难杂症、不治之症得到解除之后，他一定忍不住想把这样的“天机”告诉世人。

这样的想法一次次激荡他的心灵，使他萌芽于心中的那个想法一天天积累、增长，终于使他在七十多岁的高龄时依然做出了这样的决定：放下老家的安逸，只身闯荡京城，要从北京这个国家政治文化中心把他发现的生命大道传播出去，告诉世人。

◎ 郭生白先生武强旧居院中香椿树（摄于 2023 年 4 月）

我不知道这位令人尊敬的老人为这个决定付出了多少辛劳，经历了多少波折。但我知道，幸而有了这个决定，才有了后来广播电台的有力发声，才有了研究院每周末的公益大讲堂，才有了国防大学的门诊，才有了“大医传承”文化工程的启动仪式，也才有了十二年后今天我们在这里的相聚。

我们如此幸运，能够有这样一位老人，心怀天下，将每一个人的健康牵挂于心。十二年来，在以“大医传承”继承人郭达成院长为代表的传承人的引领下，众弟子及指导师就像传道士一般将老人的生命认识传播开来，本能论的受益者越来越多。今年的报名参会人数是以往最多的，还有很多朋友因为各种原因不能按时参会。大家从天南海北相聚在这个会场，近四百人的规模不是一个小数目，为什么大家要花费这样的时间、精力来做这样的事情？来到这里？

我想，是因为大家或多或少地认识到了，这位老人传给我们的生命认知确实是珍宝，确实是可以助我们通向健康的那把金钥匙。受益于它的人越来越多，心存感恩与信任的人也就越来越多。君子千里迢迢，为追寻生命真理而来。

我常常感叹自己太幸运了，既是受益人，也是传承人与传播者，更是见证人。从 2006 年有缘认识恩师以来，到现在十七年的时间，我见证了本能系统医学的建立与发展过程，太多太多的辛苦我看在眼里。郭老是辛苦的，“大医传承”之始，大事小情全靠一位八十四岁高龄的老人筹谋。达成院长是辛苦的，从一个人的单打独斗到带领一群人前行，这个转变太不容易。

可是，他们觉得自己确实辛苦吗？郭老曾经说过的一句话可以回答——他说，你不懂明白一个真理的快乐。

我想我现在逐渐明白了，因为明白了他教给我的生命真理，自己和家人越来越健康，还能帮助其他有缘人越来越健康；因为明白了这个真理，心里是平和喜乐，没有对疾病和未知的恐惧，是不是该快乐？这确实是一件令人感到幸福和快乐的事情。希望今天在座的有缘人都能得到这样的快乐。

谢谢大家，我的发言到此结束！感谢大家的聆听！

弟子　韩晓红

2023 年 5 月 14 日

致敬未谋面的先生

从西医博士到传播中医文化的转变

——记与郭老的因缘

知道郭生白郭老，是从慧容老师那里开始的。

2013年年初，慧容老师把自己在一所传统学校传播中医文化的历程写成了一本书——《100天健康管理日记》，看完这本书，我心中感慨万千。随后我看到慧容老师领头编辑《孩子发烧母亲该怎么办》的书稿，里面有郭老的视频讲座内容，以及慧容老师带领学校的孩子们践行中医文化的经历，看完之后，内心坚定了一定要学好中医、传播中医文化的决心！

一、小白精进：读书、看视频

对于一个标标准准、地地道道的西医院校出来的西医学博士而言，认真读郭老的《孩子发烧母亲怎么办，老人发烧儿女怎么办》（其由郭老的学生整理）是需要决心的，各种原因想必很多人能明白。其实别说是西医学专业的，即使是现在中医学专业出来的学生，对于中医理论和中医基础也很模糊，对于治病更是无从下手。虽然我的中医基础很薄弱，一般的中医理论比较难懂，但是读这本书的时候会有一种开窍的感觉，会有一种爱不释手的感觉，会有一种拍案叫好的感觉，这种种感觉来自郭老对于中医的深刻理解和深入浅出的讲解！

《本能论》更是促进了我对中医更高一层的理解。在我眼中晦涩难懂的阴阳五行、脏腑经络，在郭老那里变成了人人皆可理解的本能系统、升降出入。尤其是一个"势"，更是让人与身边的万事万物联系起来，明白人体、疾病、治疗中的哲理，从而更能明白郭老讲的内容，理解中医。

如果说郭老的书是集郭老一生智慧和临床经验的精华，那么郭老的视频就是对精华的诠释。看郭老的视频，听郭老掷地有声的讲课，心随着郭老的言语神情而跌宕起伏，听着听着我就觉得自己身在郭老讲课的课堂现场，回答着郭老提出来的问题，思索着郭老的一句句看似简单却又充满深意的话，情到深处随着一起落泪，与郭老一起为当前的中医文化缺失而痛心着，为当前亚健康盛行而担心着，为一个个遭受不正确疗法而备受疾患折磨的孩子而忧心着。

在传统文化已经严重缺失的现代，人们多不能直接理解中医，不像古代"秀才学医，笼中捉鸡”那般从容，怎么办？郭老不仅把中医理论研究得透彻明白，对西医也研究得很明白。他用现代人能够听得懂的话、理解得了的实例来解读中医，解读生命之道，更是把西医鼻祖希波克拉底的话——“病人最好的医生是自己的本能，医生不过是帮助本能的”拿出来与本能论相印证，不由得佩服郭老涉猎之广！

二、牛刀小试：惠及亲朋

学习中医之后，最大的愿望就是治病，尤其是看完郭老的视频，读完《孩子发烧母亲该怎么办》，不治几个病手一定会发痒的。世间最不缺少的就是疾病，大病重病没办法，小病总是可以的吧？

感冒，发烧，出疹子，积食，受寒，拉肚子，急性肠胃炎，红眼病，牙疼，咽炎，尿路结石，急性阑尾炎……这些我通通治过，无非是解表、透表、泻下等，坚持“中道和谐，顺势利导”的核心思想。

就连要住院的肺炎，我也治过。一次小侄子因感冒引发肺炎，其实这样说并不确切，是感冒后因错治、误治导致的肺炎，当检查结果一切都已经准备好，就要办理入院手续了，我坚持电话里远程指导说五剂药一定能好，这么坚决的话使侄子免于一场住院，三天大为好转，五天痊愈。

母亲饱受尿路结石困扰已有多年，以前她去做过碎石，也吃过中成药，都是隔一段时间会再发。后来她再次发病的时候，我反反复复对照，问诊清楚之后，也是远程开上五剂药，基本好转，再加五剂，痊愈了。

其实，这些都不难，因为郭老已经讲清楚了本能系统论，又讲清楚了方法论，给出了方法，学明白，辨清楚，就可以用方用药。因此上述情况对于我来说都不过是比着葫芦画瓢而已，当然这并不是我医术有多高，而是这些仅仅是简简单单的小病。这就是郭老的厉害之处，让我这样一个熏习了十多年纯正西医学的博士，学习中医之后也可以直接应用实践，而相比于好多中医院校的学生毕业了还不敢给自己治感冒，我还超前了一步。基本上家人的病都是我来搞定，达到了郭老说的“有病自家治”。

三、回归本来：中医文化传播

在自己小试牛刀的过程中，我深刻体会到郭老的掷地有声，郭老的痛心之处！当我发现病永远是治不完的，当我发现人总是喜欢在同一个地方绊倒，当我发现人因文化意识不够而屡屡生病，当我发现最重要的不是治病，而是要用正确的生命理念对待自己的时候……我，终于想着要回归本来，回归到中医文化传播之中来。

从开始接手线上中医学习群管理开始，我一边回炉重造，一边领着更多人来学习中医文化，学习生命的正确理念。有越来越多的人明白了自己以前对于生命有多么无知与无畏，对待孩子有多少无知的爱变成了对孩子的伤害，也有越来越多的人学会了生病该怎么自我救治，学会了保护一家人的健康，更是扭转了对生命错误的认知……在欣慰的同时，我觉得自己所做的很有价值，很愿意一直走下去！

线上学习是一方面，开展线下课程也是必需的，因此我们在本地开办了中医学习班，纯公益，只要愿意学习，只要愿意进步，写申请都可以加入课堂来，这也吸引了一批志同道合的朋友一起来坚持做文化传播的事情。在去年郭老忌日的那天，我们刚好开办了“孩子发烧母亲怎么办”系列课程，我在分享中情不自禁地落泪，讲课过程中几度哽咽。回想起郭老八十四岁高龄仍站在讲台上为天下母亲、为天下孩子播撒健康播撒爱，回顾自己传播的历程，有欢笑也有泪水，有困难也有收获，但毕竟已经是站在巨人的肩膀上了，已经有郭老不顾耄耋之年迈的开疆拓土了，我这又算什么？不过是大洪流中的一滴水罢了，也是为传播中医做点自己力所能及的事情。

我也曾与中医学专业的学生辩论过“中医药治病是否科学”的话题，也吵得面红耳赤，不是论输赢，而是对方的观念理念不是中国文化，不是中道思想，还是处于对立对抗的思想中，这样是很难理解中医的，也很难理解生命的。就像郭老所说的，这是文化出了问题，没有了中国传统文化的根基，就陷入了二元对立的漩涡中。中医文化传播，路漫漫兮，但是吾辈将继续郭老等老一辈中医开辟出来的路，把中医文化传承下去，发扬光大，让更多的中华儿女受益于这中道和谐的中医。

但愿郭老提的“人人都知医，苍生无枉死；有病自家治，大病可商量”的愿景早日实现！

本能系统医学受益者　秦丛臻
2020 年 2 月 8 日

身虽死而道犹存

——悼念大医郭生白逝世十二周年

走过了持续几年的新冠病毒感染，面对并不健康并不安和的世界，我不禁越发地怀念您——心怀“苍生无枉死”的郭老！

在这样的冬季，我怀念您年年风霜遮不住的音容，更怀念您苍劲有力的手书：什么是中医？以智慧使人健康、快乐、幸福，使社会安定、世界和平。

每每看到，每天有那么多因病而沮丧或郁郁寡欢的人，在您创建的本能系统医学的指引下，重获健康与快乐，进而让家庭安定与幸福，我便一遍又一遍地想起您，想起您历久弥新、不惧邪气的中医智慧：

——是大道至简；

——是万人一方；

——是极致三通；

——是“一杯净水知真味，十丈红尘养禅心”；

——是“外观万物得天道，内视自我悟本能”；

……

忽然想起在《庖丁解牛》中庖丁答文惠君的那句：“臣之所好者道也，进乎技矣。”明了道，技便迎刃而解。

当年，您就用一剂生化汤，驱离了千万生民的病魔，并使之相信本能论，相信万人一方。

在您仙逝后的十二年里，您的嫡孙郭达成不曾有片刻懈怠，追寻着您的引导，创新性地著写了《本能论新解——郭氏中医心悟》，创新性地研发了枸杞桑椹果蔬饮、梅瑰玉萄果蔬饮、金枣桂玉果蔬饮等，使得本能系统医学的精神与效用更为平易近人。

其中，且不说果蔬饮能确保助消助通、净化内环境、改善躯体功能，单就果蔬饮的入口甘美，以及入口后顷刻的微温感，就让人极为舒适。

很长时间以来，我每天一瓶果蔬饮，不但前些年因喝果蔬饮而让脸颊上如拇指般大的黑斑消退了，而且现在些许小斑也不见了，以至于不止一次地被夸赞“你在你同学中一定是最年轻的那一个”。

“融古融今入心炉，造化为师天作模。铸成生命本能论，信是人间百寿图。”

您在古今天地间苦炼，只为让“生民明白生命”，以不负“生白”之名。

如此，达成（注：指郭达成）也必将达成所愿，必将引领着与日俱增、与时俱进的本能系统医学工作者们，达成中医复兴，达成“天下无医，生民无病”的宏愿。

此刻，端详着您的挂像，我只想说：身虽死而道犹存者，寿。

本能系统医学受益者　北月

2023 年 11 月 18 日

伍

传承发展

本能系统论体系发展脉络

本能系统论体系具有颠覆性和原创性，其对中医学理论与方法的完善和社会发展均有重要意义。

本能系统论来源：《易经》《黄帝内经》《伤寒杂病论》《伤寒六经求真》。

一、本能系统论奠基人——中医大家郭生白先生创建本能系统医学

（一）主要著作

《伤寒六经求真》《本能论》等。

（二）主要贡献

在理论上，本能系统医学提出了人的十一大生命本能系统，讲清楚了中医是怎么治病的，人应该怎样对待疾病。

在临床上，本能系统医学出现了系统效应，“一方多病”，“万人一方”，解释了“一病多方”，统一了多元的辨证体系，使中医学七大辨证法在外源性疾病与内源性疾病的方法系统中合而为一，化繁为简。其方法系统具体包括：外源性疾病用排异法，如排异出表法、透表排异法、涌吐排异法、攻下排异法等；内源性疾病用自主调节法，如三汤一粥一谷茶——生化汤、化脂汤、排异汤、强生粥、辟谷茶。

（三）社会意义

本能系统医学的出现，使中医从此易学易用，复制容易，学习周期缩短。

二、本能系统论继承人——郭达成先生创建本能系统健康管理体系

（一）主要著作

《本能论新解——郭氏中医心悟》《〈孩子发烧怎么办〉新解——附本能育儿经》等。

（二）主要贡献

在理论上，郭达成先生提出了“自家中毒”的疾病发生根源论，认为疾病的发生是以“内因（自家中毒）为主，外因为辅”造成的，若要身体健康，应达到“吃

动排”平衡，保持内环境清洁干净的状态。

在方法上，郭达成先生将划分内源性疾病和外源性疾病的方法系统进一步融合，提出了更为精简的“三通通畅”理念，并创建了本能系统换食养生调理方法，应用药食同源食品快速实现“三通”，帮助人们获得健康，且坚持“只给帮助，不给伤害”的原则，避免了药物的偏性伤害，推动本能系统论体系由“药物治病”转变到“食疗养生——治病即养生，养生即治病”的模式。

具体内容：在原“三汤一粥一谷茶”的基础上研发出一系列药食同源食品，包括枸杞桑椹果蔬饮、梅瑰玉萄果蔬饮、金枣桂玉果蔬饮、大海银花杞菊饮、桑杞果蔬粉、复合山药莲子粉等；建立了健康指导师服务体系，形成了一套较为完善的健康管理体系，帮助用户在收获健康的同时建立正确的饮食生活习惯，认识疾病发生的根源，实现“自主”健康。

（三）社会意义

《本能论新解——郭氏中医心悟》将中西医的“治病思维”转换为“养生思维”，解除了医的束缚，破除了普通人学习医的门槛，通过养生方法即可获得健康，让郭生白先生“天下无医，生民无病”的宏愿得以实现，这是对“全民健康”事业的有力支持。

◎ 纪念“大医传承”文化工程启动十二周年暨第二十三届本能系统医学交流研讨会

注：2023 年 5 月 15 日，纪念“大医传承”文化工程启动十二周年暨第二十三届本能系统医学交流研讨会在北京飞天大厦举办，本届会议现场参与人数近四百人。

◎ 纪念郭生白先生逝世十二周年暨第二十四届本能系统医学研讨会

注：2023 年 11 月 19 日，纪念郭生白先生逝世十二周年暨第二十四届本能系统医学研讨会在河北武强举办，共计有一百余人冒着严寒从全国各地而来参加吊唁活动与研讨会。

书序及碑文

《伤寒六经求真》初版序

初版序

《伤寒论》一书，乃东汉张仲景所著，是祖国医学的经典之一，历代医家将其奉为辨证论治的圭臬，医方之鼻祖，尊仲景为“医中之圣”。故凡尊崇和研究《伤寒论》的著名医学家，称为“伤寒学派”。其形成：始自晋王叔和首先整理和撰次了《伤寒论》，使之流传于世。宋·成无已著有《注解伤寒论》，大大促进了伤寒学派的发展。明方有执著《伤寒论条辩》，使伤寒病进入了“风伤卫、寒伤营、风寒两伤营卫”的鼎盛时期。明清以来，有很多医家围绕三纲鼎立学说展开了激烈的争鸣，对伤寒学派学术的发展起了积极的推动作用。

春霖先生，多年来从事《伤寒论》的研究，博览古今医著，结合自己的临床实践，经过艰苦详实的探讨，编著了《伤寒六经求真》一书。吾通览全书，认为该著尊古而不泥古，能以指出前代医家主观论断和“外因论”的错误，提出从伤寒六经本身的矛盾中认识伤寒六经这种新的见解。对伤寒六经辨证提出“病因、病性、病位、病势的整体观念”，确定了病理界说，并对伤寒六经病的相互区分、相互联合、相互转化的性质，作了较全面的分析和研究，条分缕析，融会贯通，详予阐述。以六经病理界说为据，对伤寒病理过程中的杂病作了区分整理，这就使一部伤寒论成为条理分明、秩序井然的辨证论治的医学系统，是学习、掌握和运用《伤寒论》的一条捷径。作者敢于大胆创新，颇有独到见解，相信该书刊行之后，对于继承和发扬祖国医学、推动伤寒学说的进一步发展，将产生积极而深远的影响，故为之作序。

河北省中医学会理事长　王立山

1983年11月11日

《本能论》蒋序

蒋 序

老骥伏枥 志在千里

（应是序言，恰似檄文，实乃檄文也。）

近十余年来，我拜访了300多位文化大家，平均年龄在70岁左右。所见文化大家，因年事已高，交谈的话题，大多是以回忆往事为主。对未来要做的事情，绝大多数是对自我的一生总结以及做好尚未完成工作的扫尾，以求达到圆满地划上一个句号。

令我吃惊的是，今年84岁的郭生白先生，我们在一起所谈话题，却与众不同，他基本上不关心昨天所做事情，而是把最大的精力投入到今天和明天正在做或准备大干一场的中医文化事业上。他似乎忘记了年龄，真的是不知老之将至、老之已至。可以说，他比年轻人还年轻，他比雄心勃勃的人还雄心勃勃。他说话时，那种自信的神情；他听你说话时，那种反应之迅捷、抓你说话的关键词之准确，你会突然有一种感觉，眼前的这位老人家，是不是隐瞒了年龄，他根本不像84岁。他的逻辑思维能力、对复杂事物的判断速度以及对未来要大展宏图的憧憬，和年轻人完全一样，怪不得他的众多弟子们，在和我谈起郭老的干劲时，无人不大加佩服。所以，我说：郭老不是84，郭老刚刚48。写到这里，我猛地想到三国时期的曹操所写的一首诗《龟虽寿》，诗曰：

"老骥伏枥，志在千里。烈士暮年，壮心不已。……

养怡之福，可得永年。幸甚至哉！歌以咏志。"

郭老是当代歌以咏志、壮心不已的中医文化大家，谈到中医的当下处境，谈到他的在天之师——东汉时期的医圣张仲景时，他会落下热泪，有时竟然会泣不能语。他在即将出版的《生命本能系统论》这部扛鼎之作中写到：

"父亲把儿女从医院里背出来，因负担不起昂贵的医疗费用，而含泪回家等待死亡。儿女因无力支付高昂的费用，而带父母走出医院！他们心里在想什么、要说什么？一个高血压病，从吃降压药直到心脑血管病，然后搭桥，作支架，而后是等待下一次的抢救……一例糖尿病，从吃降糖药到注射胰岛素到尿毒症透析，钱用完之时，便是生命的结束。一个癌症的发生，意味着无钱治疗等死的悲剧上演，或是家破人亡的落幕……我们的亲人被无辜地夺去了生命！写到这里，我在流泪……我愿同天下患者同声一哭！"

不见生白老，不知中医好。见了生白老，有病不怕了。郭老用自己的生命状态，用耄耋之年罕见的精气神，完全证明了中医文化的伟大，他告诉他的弟子们，他要轻轻松松地工作到 100 岁，他还有很多复兴中医的事情要做。他用一生的临床实践和对医圣 1800 年前所著《伤寒杂病论》的潜心研究，向今天的医学界提出两大问号。这个问号是什么呢？

2010 年 8 月 5 日的晚上，我与郭老在北京石景山区松林公园他的住处促膝深谈，谈到兴奋处，他站了起来，从桌子上的一个纸袋中，抽出一张纸送我，只见纸上写道："人自身本有一个防疾愈病的能力系统，我们为什么放弃不用，而去求救有毒的化学药与手术刀呢？难道这是智慧吗？这却是医源性疾病与药源性疾病的根源。"

正是这两个问号，促使他创造性地总结出了《生命本能系统论》，他提出："中医自《伤寒论》问世以来，因为读懂它的人很少，且在《伤寒论》的解读中又发生了众多流派，各持一得之见自立门户，各逞一家之言。以致中医理论芜杂而不系统，有些理论概念不清，随意性、模糊性都很严重。理论如此，而行为也无不如此。中医常因此招人耻笑。中医不是完美的，也正因为其不完美而才能完美！"

"五十年的痛苦思考，中医从《伤寒论》中走出一个'生命本能系统理论'。'本能系统论'诠释了中医的核心思想。对中医的整体观念、辨证施治、治未病、模糊理论、不可复制……种种质疑都给予了圆满的回答。并且在对传染病及慢性功能性疾病的治疗上产生了令西方医学难以置信的临床效果！你能想象吗？一剂药就能使一个流行性感冒痊愈，高血压等心脑血管病、糖尿病及其所有并发症一张方剂便可治愈，并且其所有并发症也随之消失，发生系统痊愈效应。"

"生命是大自然赋予的，生命规律与自然规律一样是不可改造、不可对抗、不可替代的！要用顺其势而利导的方法，这些病都可治愈。而且是像中国的兵法一样'以不战而屈人之兵'，中医是'以不治而愈人之疾 。只要调节本能系统这样一个方剂，所有的原发、继发的疾病便可完全消失。大自然是最真实的，我治的是系统的障碍，它还我的是系统的障碍消失。系统的障碍消失，就是系统的疾病全部消失！原来人类千年追求的梦想，今天出现了。”

郭老对当代中医文化的杰出贡献正在于此，他是理论联系实际，走知行合一道路，他在中医向何处去的十字路口，勇敢地面向前方，提出了“生命本能系统论”这一富有时代气息的独特观点，这一论点是对医圣张仲景《伤寒杂病论》的继承和发展。

郭老生于1927年，他这一生伴随着中华民族的多灾多难、而又波澜壮阔。我想，自古以来的规律是，沧海横流方显英雄本色。没有东汉建安时期的伤寒病流行，哪里会有《伤寒杂病论》巨著的诞生。如果没有清朝乾隆年间温病的流行，也不可能有大医吴鞠通《温病条辨》、叶天士《温热经纬》两部名著的问世。

今天的中医再次面临高血压、糖尿病、肿瘤和亚健康等慢性功能性疾病的挑战，还有国家和个人都无法承受的医疗费用。面对这一时代难题，郭老知难而上，继《伤寒六经求真》出版之后，又写出了《生命本能系统论》这部重要著作，在中医跌入谷底、正随着中华民族复兴而崛起的关键时期，这部著作的现实意义、历史意义，则显得十分重要。而郭老也正因为这部著作的特殊价值而成为这个时代中医文化弘扬的代表性人物。其众多弟子正像弘法的传教士，必将人类的瑰宝——中医，传播到亿万人家，以普度众生。

为此，他近期又与国家文化部主管的中华社会文化发展基金会展开合作，创始了我国第一家在国家一级公募基金会基础之上的以完全传播中医文化为宗旨的公益慈善专项基金——本能论基金，用现代的、源于西方的基金会制度，去推动中医文化公益事业，并开展免费的师带徒教育，像孔子那样，他要培养3000弟子、72贤人。同时还要开展对世界医学难题即高血压、糖尿病、肿瘤的攻关治疗，并对家庭困难的患者予以免费。他更着力于“生命本能系统论”思想在更大范围的传播，以切断亚健康的发病源头，使亚健康者恢复到健康状态而不留后遗症，并把目前高昂的医疗费用降低数十倍以上，为彻底解决看病难、看病贵问题，做出贡献。他反复强调：今天，中医一定要站出来，携手自己的同胞走出健康危机，让同胞们认识我们的祖先所创造的中医的伟大，不要自毁江山、自毁万里长城。

有一天，郭老告诉我，他近期要南下广州，拜访2003年战胜“非典”的功臣——中医泰斗邓铁涛先生，并拜访在北京的经络医学大家祝总骧先生，以共商中医文化大业。我想，邓老、祝老、郭老的“中医三老”这次聚会，将不仅是当代中医史上的一段佳话，它更具有在中医危机中力挽狂澜、砥柱中流的象征意义。

明年是辛亥革命百年纪念之年，这100年，中华民族的护身符——中医，饱经沧桑，劫难不断，内忧外患，屈辱至极。可以讲，到2003年“非典”肆虐、全国恐慌，才使中医绝处逢生，否极泰来。我们要感谢“非典”，2003年是中医崛起的里程碑。更要感谢2009年到2010年的“甲流”，“甲流”让中医养生成为时尚风流。还要感谢2011年的辛亥革命百年纪念，这一时空，使我们有机会冷静反思。我想百年之中那些谩骂、诋毁，甚至要消灭中华民族优秀传统文化的不肖子孙，不论现在他们身在何处，都应当面对祖先的灵魂忏悔或应面对黄河、长江洗心革面。否则，总有一天，不肖子孙们将像秦桧那样，被铸成跪着的可耻之像，面对岳飞的满江红，遭13亿中国人唾骂。消灭中医者，必被中医消灭。动此邪念者，必遭殃。这就是历史的无情规律。

医者，易也。易者，《易经》也。8000年前孕育的《易经》，是中华民族文化的血脉总根，她是万经之首，是众典之元典，是中医之圣母。这参天巨树的年轮，知天地之运行，通古今之变化，明生命之本能，其早已阅尽万年的暴风骤雨、电闪雷鸣。蚍蜉撼树，不自量力，谈何容易？无非是几只苍蝇碰壁，嗡嗡叫。

祝愿郭老雄鸡一唱天下白！祝愿《生命本能系统论》像春霖一样生机无声而润万物！

蒋 晔（中华社会文化发展基金会副秘书长）

2010年8月11日于北京颐和山庄

『大医传承实录丛书』序言

序言　郭老是涅槃的凤凰

郭生白先生写完他这一生最重要的著作《本能论》之后，约我交流，希望我写一序言，我吃了一惊，诚惶诚恐，其因是：我不是学中医的，可以讲对博大精深的中医，我是一窍不通。为此而建议郭老邀请我国中医界泰斗为《本能论》作序，因为此时我正帮助郭老大力推动“大医传承”文化工程，郭老与中医界泰斗如朱良春、陆广莘、周仲瑛、祝总骧等先生交往颇深，并还准备南下广东，与邓铁涛先生相会。

除此之外，还有另外一个原因，我在84岁的郭老面前，是一个刚刚48岁的晚辈，晚辈怎么能为长辈的大著写序呢？我作为北京师范大学历史系毕业的学生，是深知这样做，是不妥当的，所以，我的内心深处是婉拒的。

可是，独立特行的郭老却一反常规，告诉我：“这个序只有你能写，你懂我，你是我的知音，我这一辈子推动中医非常累，非常辛苦，我苦苦找不到原因，是你开了我的窍，你知道吗？”

听到此话，我当时就蒙了，真的是丈二和尚摸不着头脑，不知此话从何说起。郭老讲：“咱们在一起多次交流，你说中医目前存在的这么多问题，根子在文化上中断了，是文化自信的缺失，中医的本质是哲学。中医文化的启蒙问题不解决，人们从根本上如果不相信中医了，即使一时用中医治好了病人身上的病，也治不了病人的心。治不了心，病人的那个病还会复发。信则灵，不信则不灵啊！更何况大医治未病，更要从全民族的文化启蒙开始。要实现生民无病、天下无医这个梦想，必须从哲学层面解决问题，必须从文化启蒙入手，而不是仅仅从看病入手，再看、再治，能看几个人？能治几个人？”

郭老说：“你还告诉我一件事，你去欧洲考察的时候，发现西医的医圣、古希腊医学家希波克拉底，和咱们中国的医圣张仲景非常相似，他提出‘病人的本能就是病人的医生，医生只是帮助本能的。’可见，今天的西医发展道路，与他们自己的医圣的观点，是背道而驰的。小蒋，基于这些，我这本书的序言非你莫属，就这样定啦！不要推辞！”

恭敬不如从命，我便答应下来，几天内便写好了《老骥伏枥志在千里》序言，按时交给郭老。我实在想不到的是，当《本能论》印出来的时候，我翻书一看，郭老竟在我写的序言标题下面，写下一段话：“应是序言，恰似檄文，实乃檄文也。”并特加括号以说明，郭老还在文章标题上特加“蒋序”二字。郭老几位弟子读完序言后告诉我：“你真敢写，不怕惹出什么麻烦？”我说：“不怕！也不会有什么麻烦！因为序言的目的，是为了中医文化复兴得更好！”

《本能论》问世之后，郭老全身心投入到中医文化启蒙事业之中，为此他积极推动“大医传承”文化工程，更加重视师带徒培养工作，他开始不知疲倦地每天上午讲课，并开通远程视频，以便让更多的学生听课，越是节假日，他讲得越带劲，因为到了节假日，来学习的弟子会更多。他竟然一口气讲了180小时，共94讲，他为中医复兴，可以讲，是鞠躬尽瘁，死而后已，真的是：春蚕到死丝方尽，蜡炬成灰泪始干。

郭老此生再无遗憾，他将视频完整留在了人间。今天，郭老的弟子将视频中的一部分，原汁原味地整理出《大医传承实录》，我有幸先睹为快，如同再与郭老相会于北京松林园三胡堂、畅谈于国防大学南侧那传道的教室、一同考察于河北衡水、山东烟台、北京西山的山水之间。郭老此生有福啊！他老人家未走，他的精神恰似涅槃的凤凰，以更大的磅礴力量，振翅翱翔起来。

郭老的孙子郭达成先生，嘱我为郭老遗著《大医传承实录》再写一序，以继往开来。我欣然提笔，遥望南天武强，以怀念忘年之交郭老。写到此，我想起2011年5月24日，郭老在赠我《本能系统论语摘》一书上的题字："蒋晔秘书长鉴：中国之中医是执中和谐、顺势利导之医。中医发展是人人都知医，苍生无枉死。中医发展的成熟是天下无医、生民无病。"

蒋晔（中华社会文化发展基金会执行副秘书长）

2019年3月18日于北京珠江紫宸山

◎ 2019年5月11日，"大医传承"文化工程启动八周年纪念活动，"大医传承实录丛书"揭幕

《本能论新解——郭氏中医心悟》序言

序　一

习近平主席讲:“要倡导健康文明的生活方式，树立大卫生、大健康的观念，把以治病为中心转变为以人民健康为中心，建立健全健康教育体系，提升全民健康素养，推动全民健身和全民健康深度融合。”

从系统和整体角度看，患病意味着健康水平已下降，不能维持正常生命状态，不得不以患病状态维持生命运行。因此对已病者，他们比其他人更需要尽快恢复健康，而不是单纯的治病，所以习近平主席特别强调“把以治病为中心转变为以人民健康为中心”。

人是具有高级意识活动的开放复杂巨系统，它存在潜能强大的多层次自组织功能。在身体健康情况下（稳态水平高），多层次自组织功能主要表现在以下三方面:

1. 维持稳态，保持健康的自稳态能力。

2. 从功能和结构上适应环境的自适应能力。

3. 排除异己，祛除障碍的自修复能力。

从系统角度看，主流医学所指的疾病（disease）是机体整体稳态水平下降到某临界点（超负荷应激或病理性功能态）情况下与环境条件、自身缺陷等因素相结合的结果。因此它是本质为稳态水平（健康水平）下降的外在表现。然而这种定位在表象上的观点在当前高科技驱动下，使疾病的品种变得越来越复杂。

另一种是从系统、整体角度看，结合中医观点，从疾病发生的本源上去看待疾病的本质，把疾病的本质看成是人系统整体功能状态的病态（abnormal state）。著名老中医郭生白在学习、理解中国东汉医圣张仲景《伤寒论》后总结出“什么是病？排异反应是病，障碍是病！什么是治病？就是顺势利导完成排异反应过程，自主调节恢复和谐生态”。这就是看待病的观点，以下还将进一步运用钱学森的功能态思想阐明郭生白所称的“治病”其实就是恢复健康的过程，或称健康医学模式。

钱学森借用量子力学的Eigen State名词，于1981年正式提出“人体功能态”（Somatic Eigen State）思想。它的含义是：人的多层次自组织行为所达到的“目的点”或“目的环”，是一种呈现为亚稳态性的特殊状态——人的功能态；这种特殊功能态不是固定不变的，而是可以调节的。

根据钱先生功能态思想，可把人的生命过程归纳为：人的生命总是在自发地“走向”或“维持”稳态的过程之中；走向某种稳态的过程可称为功能态的过渡态，维持稳态的过程称之为功能态的稳态。

功能态的动态性表明，郭生白所归纳的“排异反应是病”是指表达为过渡态性病态，常表现为急病状态；而“障碍是病”则是指表现为功能态稳态性病态，常表现为慢病状态。

功能态的动态性质还表明，郭生白所指的“什么是治病？”其实就是为患者营造一种过渡态条件，使其过渡到稳态水平更高的功能态上去，逐步恢复健康，逐步回归和谐生态。

因此中医治病的观点与现代主流医学不同，中医的治病观念其实就是通过为其营造的条件，使其从处于病态的整体状态逐步过渡到恢复为健康态的整体功能状态。这就是在患者身上实施以健康为中心的战略思想的系统学原理。已经有无数事实证明，对患者而言，对其实施恢复健康的策略要比直接去治表象疾病的效果好得多，而且医疗费用很低。

从功能态动态性质观点去看，张仲景的整部《伤寒论》中描述的实际上就是用以健康为中心的理念对待急慢性患者，而不是现在的“治病”观念。

所谓排异反应其实就是机体对外源性刺激（微生物、物理、化学、知识和心理信息等）的响应——应激反应，往往表现为发作性急病状态，属于过渡态性质。既然应激反应是过渡态性质的“病”，它就可能要么过渡到稳态水平更高的功能态去，要么过渡到稳态水平更差的功能态去。对待过渡态性疾病的原则是帮助患者，助其在生理性应激范围内完成排异反应。

《伤寒论》中对待过渡态类病（太阳病、阳明病）的原则就是为其顺势利导，用生理性应激反应原则助其机体完成排异反应（如发汗、解肌、吐法、下法等）。这就是为其营造一种过渡过程，助其引导到健康功能态上来。

“障碍是病”是指：障碍是病理性稳态，因此它属于慢性病，是病理性功能态，表现为功能态性疾病。几乎所有慢性病的共同本质都是病理性稳态。当机体处在病理性稳态时，整体协同能力已下降，会在某些局部呈现出相对性缺血或瘀血（局部气虚），造成代谢障碍（负熵流不足，熵滞留增加），引发慢性病症。在机体局部存在慢性病症情况下，机体局部的某些正常功能被削弱，而机体原本存在的某些缺陷（性格、遗传、习惯等）会乘机表达出来，表现为种类各不相同的复杂性疾病。因此可把各类复杂性慢病看成是机体整体病理性稳态的局部体现。对待功能态性疾病总的思想也就是为其营造一种过渡态条件，使其转变到稳态水平更高的功能态上去。

如何用过渡态思想（恢复健康）对待疾病：

1. 不要直接对着疾病的表象去治，因为它不是本质。

2. 对过渡态性疾病（急性病），应顺势引导到生理性应激反应上去，协助机体过渡到稳态水平更高的功能态。

3. 对病理性功能态类疾病（慢性病），应为其营造一类过渡态，使其逐渐过渡到稳态水平较前更高的功能态上去。

这就是健康医学，使人恢复健康的医学。

为什么可以重新定义医学是什么？

医学应该是一门为人类构建走向稳态水平更高的顺应过渡态性质的过渡态科学；错误的医学无视人的过渡态性质，降低稳态水平，危害人的健康。

郭老在传承“大医传承”的过程中间，过分劳累，已离开我们，但是他对人生命的认识和大健康思想给我们留下了宝贵的财富。

郭老虽然已离开了我们近10年，但郭老的弟子和家人们一直在继承、实践，并在很多地方发展了郭老的思想和方法。本书的后半部分就是郭老的孙子郭达成近几年在传承和发展郭老思想方面的体会和实践，已在多方面取得了明显的成效。

当前我们正在落实习主席“以人民为中心的大健康思想”，我们就应该进一步发扬郭老的“大医传承”的思想和方法，为健康中国共同奋斗！

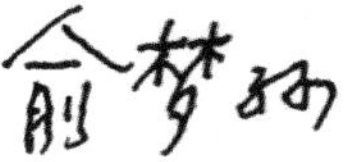

中国工程院院士

中国生物医学工程学会副理事长

中国航空生物医学工程创始人

2019年12月18日

序二 《本能论新解》新在何处？

一年前，好朋友、老朋友达成，到我家里进行交流，我建议他在爷爷郭生白先生2010年所著《本能系统论》(以下简称《本能论》) 的基础之上，再继续从实践和理论的结合上，更加深入发展下去，从而将《本能论》的思想更好地弘扬开来，将“天下无医，生民无病”八字方针向前推进一大步。我没有想到的是，达成竟然马上行动起来，将他多年来追随爷爷的思想，以及自己在中医门诊以看病为主的治疗和换食养生推广中所获得的健康档案的比较研究，再加上达成的好学深思所感悟到的《本能论》里面更深刻的奥秘，使他自然而然地写出了《本能论新解》这部非常重要的著作。我之所以讲这部大作非常重要，就在于当我一口气读完《本能论新解》时，我有一种青出于蓝而胜于蓝、长江后浪推前浪的感觉。达成希望我读后写一序言，我乐于接受这一邀约，这是为弘扬郭老的“本能论”思想所写的第三篇序言，一序在郭老所著《本能论》书中，题目是《老骥伏枥志在千里》，二序在郭老《大医传承实录》丛书第一卷《说白〈伤寒论〉》一书中，题目是《郭老是涅槃的凤凰》。

达成所著《本能论新解》新在何处呢？我觉得主要是：达成开悟后不再想开中医门诊了，不再想当医生了，他决定从医生走向养生，这可是一个非常大的思维超越和行动上的巨变，这一变化，有点类似于1978年的十一届三中全会，使中国告别了以阶级斗争为纲的“文化大革命”，而走上了改革开放的新时代。达成之新，就在于进入了一个养生的新时代，而告别了他过去的门诊医生时代，他向“天下无医，生民无病”这一郭老理想，迈出了坚实重要的一步。这一步在“本能论”思想弘扬历史上具有里程碑意义，为读懂自己的身体，开启生命的智慧大门，提供了一把新钥匙。一般人很难读懂、悟到这一点，很难理解书中所讲到的“中医西医都是医，都是方向性错误”的这个见解的深意，理解了这个深意，您才会恍然大悟：中医西医皆是医，仍是治病思维，本能论中则无医。郭老提出“本能论”时，尚在中医门诊中，而达成则破门而出之。郭老在《本能论》的封面设计中，表达的意境是：黎明前的黑暗，是东方欲晓尚未晓，莫道君行早。而达成呢！则是曙光已现，东方已破晓，众人已走在高速公路上。

达成在《本能论新解》中，讲“换食”养生极为精彩，一个“换”字，将养生说绝了！医生“换”成了养生，人们的思维马上得到了“调换”，就如同看电视“换”了个频道，人们“换”了一种活法，“变换”了一种行为方式，原来人们常乘火车外出，突然“换乘”了飞机，健康的速度更快了，真有一种“换了脑筋”的感觉，会一下子明白过来，今天的中医虽然和西医不同，但终究还是医的范畴，仍然是“换汤不换药”，而《本能论新解》，让人获得了一种思想上的解放，摆脱了医院的束缚，使自己真正成为健康的主人，只要自己从内心深处找内因，而不是再向外求什么因，真有一种“改朝换代”“换了人间”的“换”感。

“换”者，“唤”也！通过“换”，“唤醒”自己沉睡已久的生命本能，“唤起”我们的觉悟。“换”者，更是“焕”也，通过“换”，使我们的生命“焕发一新”“精神焕发”。

达成通过“换食”养生，为了让产品口味更容易为人们所接受，养生效果更好，他在爷爷的基础上，加大了科研力度，在配方上更加精益求精，在包装细节设计上也比以前进步了许多。达成在多次与我深入交谈中，告诉我他发展“本能论”思想的战略规划，以公益基金会为基本制度，以公司市场化运作为基础，以科技进步为推动力，以养生教育普及为大方向。如达成照此思路走下去，郭老的“天下无医，生民无病”的梦想，正如《天下无贼》这部电影的名字一样，一定会梦想成真。因为“中国梦”需要健康中国梦。

蒋晔

中华社会文化发展基金会执行副秘书长

写于2019年12月12日北京珠江紫宸山

《〈孩子发烧怎么办〉新解——附本能育儿经》序二

序 二

中医其实不止是治病，更是在传道。

中医是什么？在郭生白大医看来，中医之“中”，是指不偏不倚，不卑不亢，均势、平衡，升降有节，出入有序，阴平阳秘，为生命之常道。中医是“中道和谐，顺势利导”的医。中医的每一种观念、每一种行为，以及每一种病、每一张方子、每一味药都遵循“中道”，都符合“顺势利导”的理念。郭生白大医曾精辟总结道：“东汉以后，中医一个方法系统：汗、吐、下、和等顺势利导的方法，不仅治愈了病毒性传染病，也治愈了现在世界上所谓的‘终身病’”。

多少年来，郭生白大医和郭达成院长祖孙俩带领门人、团队在问道中医的征程中，认真地传道、授业、解惑，传承创新，获得了极具原创性和颠覆性的成果：郭生白大医晚年创建了本能系统医学，郭达成院长创新性地建立了本能系统医学健康管理体系。

说起与郭生白大医《本能论》和郭达成院长的结缘，我得感谢上海辞书出版社原总编辑潘涛先生，经他的引荐，我与郭院长于2019年结识。初次见面时，在场的还有许学哲先生和王欢女士，大家相谈甚欢，尤其是涉及中医、健康、疾病以及健康管理、健康中国等话题，相互之间比较认同彼此的理念。经过充分酝酿和策划，我与郭院长达成共识：合作出版一套学术价值高且又非常实用的《大医传承实录丛书》，以助力于完成郭生白大医当年立下并践行的“天下无医，生民无病”的宏愿。丛书以郭生白大医创建的《本能论》系统医学思想为核心理念和主线进行系统总结，并融合郭院长在《本能论》基础上所建立的本能系统医学健康管理理念和体系。祖孙二人堪称知行合一、传承发展大医有道的典范。本套丛书出版价值大，实乃因郭生白大医所著的《本能论》传承并发展了中医，蕴藏了人类认识自我，如何对待自我的学问与智慧。如：人的生死是什么原因造成的，人的疾病是什么，人应该怎样对待疾病，怎样才能健康、长寿。《本能论》所阐述的理念和方法大道至简，为我们诊疗疾病、维护健康、追求长寿提供了一种简、便、廉、验的本能系统医学解决方案，更是提供了一种充满“中道”智慧的选择。

2019年年底，我与郭院长合作出版了由郭生白大医和郭院长合著的该套丛书的第一分册——《本能论新解》。通过对《本能论新解》的认真学习和领悟，我认为，《本能论新解》为破解《伤寒论》核心密码的力作。该书上市1年多来，销售了近3万册，并上了当当网“医学畅销榜”，购买、学习者好评如潮。而《〈孩子发烧怎么办〉新解——附本能育儿经》则破解了发热的核心密码，该书在发烧处理和本能育儿方面，既阐明了郭生白大医对发烧等疾病诊疗的真知灼见，又充分体现了郭院长力推的以食疗为主的健康养生模式，郭院长强调“内因为主，外因为辅”，力倡吃、动、排“三通”平衡，推行“以不治而愈人之疾”以获得健康的理想模式。书中还附有翔实的15个案例分享：内容涉及“婚后7年未孕，换食调理后怀孕生子”“脑垂体微腺瘤、多囊卵巢综合征调理后怀孕”“宫外孕后再次怀孕，孕期身轻如燕”“高龄产妇，轻松度过孕期”“儿童过敏性紫癜、荨麻疹”“儿童性早熟”“复杂的儿童反复高烧”“儿童‘癫痫’”“高烧出疹”“宝宝心肌炎”“流感发烧”“高烧”“湿疹”等真实案例。该书虽以“孩子发烧怎么办”为名，实际上也涉及“老人发烧怎么办”的内容。因为在本能系统医学看来，引起孩子和老人发烧的原因、机制以及解决发烧的方法是一样的，无不与排异相关联。

做正确的事，不发生方向性的错误，在任何情况下都极其重要。《〈孩子发烧怎么办〉新解——附本能育儿经》一书从发烧产生的原因、机制和处理发烧的理念和方法出发，旨在帮助人们尤其是父母转变错误或者落后的观念，以采纳系统医学思想和方法进行发烧的优化处理。该书特别强调，当面临发烧时，无论是孩子发烧，还是老人发烧，或者是自己发烧，如何处理发烧，需要家长或亲属或患者做出明智、正确的选择。书中也指出了大众对孩子常见病以及育儿理念的不正确的认知。虽然本书通俗易懂，然而因本能系统医学思想具原创性和颠覆性，所以需要读者大众认真学习，深刻领悟，积极转变思想观念。一般来说，转变思想观念是件比较困难的事情，然而当家长或患者一旦认识到什么是处理发烧的正确理念和方法，并知行合一，则本书的出版目的便达到了。相信随着越来越多的家长或患者接受并实践本能系统医学的理念和方法，孩子、老人或自己，均必将从中获益匪浅。书中叙述的理念和方法，均大道至简，几乎人人都能学会和利用好。

上医医国，中医医人，下医医病。《〈孩子发烧怎么办〉新解——附本能育儿经》一书看似切入点小而普通，然而出版价值大，它具有上医、中医和下医三个层面的修习指导意义和学术、应用价值。孩子是祖国的花朵和未来，正确地解决孩子发烧等问题，则善莫大焉。本能系统医学是有温度、有深度、有情怀的医学，其创立者和追随者，均秉承慈悲为怀，为助力健康中国建设在不断精进中。相信本书的出版对造福于社会，必将功德无量。

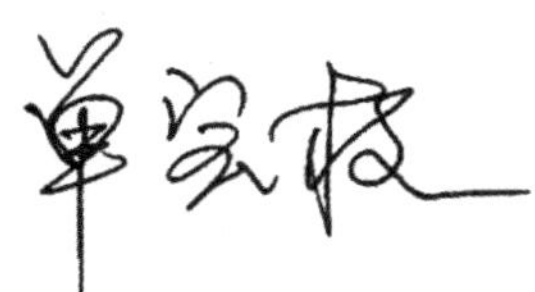

2021年3月18日写于上海张江紫薇路阳光花城

［单宝枝，医学博士，硕士研究生导师，中国中医药出版社上海分中心主任、编审，世界中医药学会联合会翻译专业委员会会长，*Acupuncture and Herbal Medicine*（中国科技期刊卓越行动计划高起点英文刊）执行主编。兼任江西中医药大学特聘教授和中医药文化传播研究中心主任，天津中医药大学客座教授，欧盟针灸学院特聘教授，中医英语翻译专家，“岐黄天下杯”世界中医翻译大赛策划者、组织者和评审专家。研究方向：中医药传播；《黄帝内经》研究、翻译与全球传播；养生保健］

郭生白先生碑文

碑記
公元二〇一四年農歷甲午三月初六穀旦
先父生於一九二七年四月四日農歷丁卯年三月初三卒於二〇一二年十月二十六日
母生於一九二二年一月八日農歷辛酉年十二月十一日一九八四年農歷五月初三
顯考郭公諱春霖德配李氏合葬之墓
子知理 知由
女知坤 知維
敬立
流芳
东能巨著春霖天下望仙鹤
國醫大師郭春霖紀念碑
國醫泰斗秋霜生白看勁松

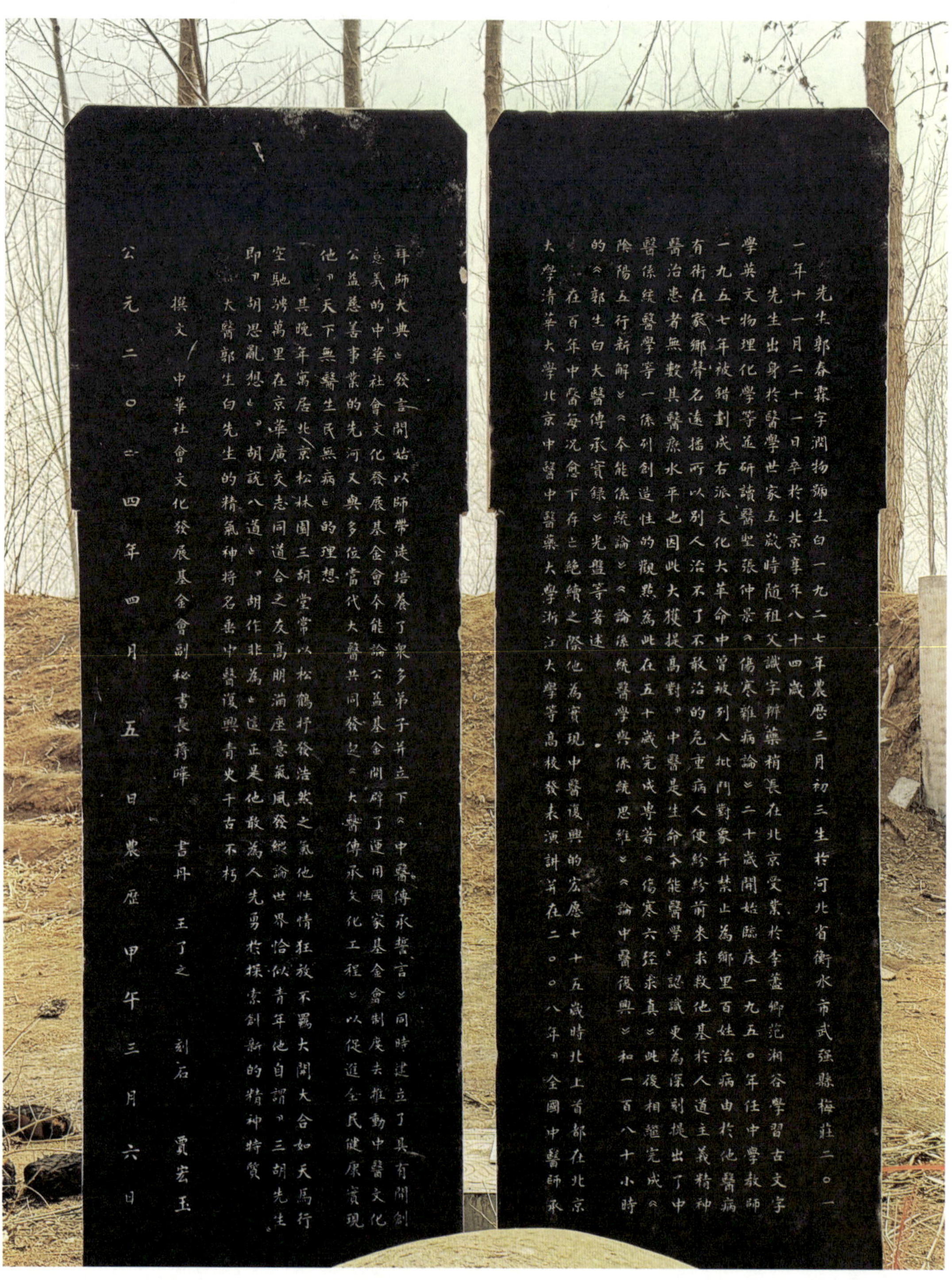
先生郭春霖字潤物號生白一九二七年農曆三月初三生於河北省衡水市武強縣梅莊二〇一
一年十一月二十一日卒於北京享年八十四歲
先生出身於醫學世家五歲時隨祖父識字辨藥稍長在北京受業於李蓋卿范湘谷學習古文字
學英文物理化學等並研讀醫聖張仲景《傷寒雜病論》二十歲開始臨床一九五〇年任中學教師
一九五七年被錯劃成右派文化大革命中曾被列入批鬥對象并禁止為鄉里百姓治病由於他醫病
有術在家鄉聲名遠播所以別人治不了不敢治的危重病人便紛紛前來求救他基於人道主義精神
醫治患者無數其醫療水平也因此大獲提高對『中醫是生命个能醫學』認識更為深刻提出了中
醫係統醫學等一係列創造性的觀點為此在五十歲完成專著《傷寒六經求真》此後相繼完成《
陰陽五行新解》《个能係統論》《論係統醫學與係統思維》《論中醫復興》和一百八十小時
的《郭生白大醫傳承實錄》光盤等著述
在百年中醫每況愈下存亡絕續之際他為實現中醫復興的宏願七十五歲時北上首都在北京
大學清華大學北京中醫中醫藥大學浙江大學等高校發表演講并在二〇〇八年『全國中醫師承
拜師大典』發言開始以師帶徒培養了眾多弟子并立下《中醫傳承誓言》同時建立了具有開創
意義的中華社會文化發展基金會个能論公益基金開辟了運用國家基金會制度去推動中醫文化
公益慈善事業的先河又與多位當代大醫共同發起《大醫傳承文化工程》以促進全民健康實現
他『天下無醫生民無病』的理想
其晚年寓居北京松林園三胡堂常以松鶴抒發浩然之氣他性情狂放不羈大開大合如天馬行
空馳騁萬里在京華廣交志同道合之友高朋滿座意氣風發縱論世界恰似青年他自謂『三胡先生
即『胡思亂想』『胡說八道』『胡作非為』這正是他敢為人先勇於探索創新的精神特質
大醫郭生白先生的精氣神將名垂中醫復興青史千古不朽
撰文/中華社會文化發展基金會副秘書長蔣曄
書丹　王了之
刻石　賈宏玉
公元二〇一四年四月五日農歷甲午三月六日

后 记

随着本能系统医学的发展，先生的“大医传承”授课视频在网络上流传甚广，越来越多的人知道了恩师郭生白先生。尤其是在过去不久的新冠病毒感染期间，先生的名字被一遍遍提起。因缘际会，我有幸曾在先生身边跟随学习。因为这个原因，先生走后很多人跟我表达，他们被视频和文字里的先生深深感动了，同时也询问我，先生在生活中到底是什么样子的。

为什么人们会去这样关注一位已经逝去的老人并且被深深感动？我明白，最重要的不是因为他是一位医术高明的医者，而是因为他把几代人积累的智慧和在经历过血雨腥风、痛苦生死考验后发现的生命大道无私地告诉了世人，是因为他那份深厚的家国情怀和一心为天下苍生的使命感与责任感。

大家想要了解的其实也是我一直的心愿，希望能告诉大家，真实的先生到底是什么样子的，他为什么能够发现生命本能的大道，然后又无私地告诉了世人，到底是什么样的原因促使他做出了这些选择和贡献。南怀瑾先生说过，“所谓的教育就是熏陶”。作为弟子，先生“言传身教”的熏陶是我也是所有弟子此生最珍贵的经验。告诉世人这位可敬的、让我们仰视的老人到底是什么样子的，相信不仅是我，也是所有受教于先生的弟子、受感召于先生大德与胸怀的友人的共同心愿。

虽然有这样的愿景，但是我知道自己过于渺小，一直以来未敢付诸行动。直到2019年5月在“大医传承”文化工程启动八周年纪念会上遇到了先生生前挚友蒋晔老师，在蒋晔老师和先生之孙郭达成院长的鼓励下，我终于鼓起勇气开始整理，在两位老师的全力帮助下，联系恩师家人和各位弟子、友人，整理图片和文字资料……一步步完善内容，希望能通过不同的角度和身份还原出众人心中的记忆，以期拼凑出一个尽量完整、鲜活的先生形象，传达出一位心怀天下苍生的拥有伟大家国情怀和追求真理、坚定信念的一代中医大家风范，展现出先生历经一生坎坷和多次生死之险后发现生命大道的艰辛历程，以及体现出先生所作《本能论》这一巨著对当世及后人的重要意义和深远影响。我深知自己能力有限，斗胆担此重任，唯有用尽真心与诚心促成此事！

在此也记录几件在先生身边时经历的印象深刻的事情。

信心与谦逊

2006年初识先生时，我还是北京中医药大学的在读学生。第一次见面，我就被先生的知识渊博与睿智深深震撼。当时在与先生的交谈中我露出了一点对学医的畏难心理，先生鼓励我“不要妄自尊大，但也不要妄自菲薄”，谆谆教导，言犹在耳。2010年开始跟随先生身边时，曾有一位患者会意错了意思，跟先生说，我告诉她只有我们这里可以治她这种病。患者走后，先生很认真地跟我说“我们千万不能认为只有我们自己会治病”，谦逊之心可见一斑。后来在“大医传承”的课堂上，先生又跟弟子们说“你们要有信心”。这信心是对基于中国传统文化与思维方式发展而来的生命本能系统认识的信心，是对民族和文化的强烈自信心！

求真与务实

中华社会文化发展基金会本能论公益基金刚成立时，先生交代大家写下对基金会工作的建议，当时我也积极参与，很兴奋地写了一篇建言，在拿给先生看之前先拿给一位师兄看过，师兄说写得很好，没想到拿给先生看后，先生仔细用红笔画出了一处我原本以为不错的一段话并严厉地批评了我，惭愧中惊悟，在这处我只注重了词语的堆砌，却把最重要的文理文义忽视了，语句看起来好看，内容却经不起推敲，实在是羞愧难当！这件事后再拿起笔，我就一遍遍告诉自己，务必求实求真，要对写出的每一个字负责。

“牛耕田，马驾车，劳则劳矣，习之久矣而不为苦”，这是我偶然间发现的先生随手写的一个字条内容，这就是他长年辛劳与坚持的真实写照。先生长年早上三四点即起床开始写文稿、处理事务，尤其在“大医传承”启动后，他像铆足了劲的发条，事必躬亲，几乎没有休息的时候，年轻人都难以做到像他那样。

热爱生命与孩子的心

记得先生在松林公园的居所有一个大红色的花瓶，里边装有颜色鲜艳的假花，先生很有意思，特意在花瓶上书“永不凋谢花”。

有天中午在先生家里吃他大女儿做的炸酱面，拌料里有煮熟的黄豆，泡下的那层白色豆皮单装了一小碗，先生吃着吃着竟然哭了起来，缓了好一会儿，他才哽咽着说出，“文革”的时候有次全家人快要饿死了，幸亏以前他给看过病的一位做豆腐的乡亲悄悄在大门口放了两大麻袋这种泡下来的豆皮，全家人依靠这些豆皮才艰难渡过难关。先生说，在艰难的岁月里，有好多次类似这样的经历。

还有一日，先生站在松林公园居所内的窗前，突然说了一句：“他们都要脸，死了，就我不要脸，活下来了。”我明白这句话的沉重，看似是玩笑，其中经历了怎样的艰险与痛苦，外人是无从知晓的。年轻的我不想让气氛显得过于悲凉，只是跟师父说“死比活着容易多了”。先生沉默着，抬起头，眼睛向窗外看了一会儿又低下头轻轻地说“是这么回事儿”，声音里似带着无声的叹息。

很多人看到过“《本能论》导读”一课视频里，八十多岁的先生哽咽着说：“我们怎么读懂《本能论》？放下一切的尺子，放下一切的框框，我们用一个天真的、跟大自然一样的心来读《本能论》。你首先想，写《本能论》的这个人是个孩子，是个什么都不懂的孩子，是个什么都不为的一个孩子……带着一个童心……带着一个童心写给谁？父母、妻子儿女、兄弟姐妹，天下人！你带着这个心态看一看《本能论》，就是对我的回报。你千万不要带着框子，不管哪一家的框子。中医有很多流派，你把所有流派的框子放下，我请你放下！西方人的框子你千万放下！你千万放下！你用你纯洁的童心看待这个纯洁的童心，我说的每一句话都有我自己的痛苦、自己的泪……尽管我没写好，我希望你看好……今天我可以说，我经历了很多的痛苦，其中有自己的。我认为一个真理一定是对人有利的，是可以实践的，也是可以用实践证明的。同时在真理的下面我们也看到了谎言的虚伪，看到了谎言给我们带来的痛苦。如果你真正了解了《本能论》，了解了这个童心，你会得到好处的。”

孩子的心，简单，纯净，纯粹，没有任何功利心和自以为是的傲慢或者先入为主的偏见，渴望了解一切，对世界和生命充满了好奇与热爱，对至真、至善、至美有着天然而执着的追求……先生自己就是这样一个拥有“孩子的心”的人。很难想象在经历过数不清的人生波折后，先生还能有这样的一种胸怀，可能这就是看透世事与生命后的超脱。也许正是因为这些常人少有的生死经历，才有后来先生对生命本能的大彻大悟。也许正是因为这样的经历，这样对生死的看破与淡然，才使他在八十四岁本该颐养天年的高龄心系中医传承，克服种种困难，发起了“大医传承”，并且最终如他自己所言，因为此事过于劳累而倒在了传承中医的讲台上！

黄剑老师在他写的采访录里说先生是一位老战士，这个比喻很贴切。这位老战士不惧艰难、无畏生死、无视高龄，一生随着国家命运而起起沉沉，终不改其追求真理的初心、对国家民族的热爱之心、对苍生疾苦的怜悯与责任之心！“沧海横流，方显英雄本色；青山矗立，不堕凌云之志”正是先生一生为追求生命真理，为传承与复兴中医文化而奋战到最后一刻的真实写照！

作为先生的弟子和助手，我是很羞愧的！因为年轻，非常遗憾在恩师在世时没有能够更好地去照顾他、帮助他做更多的事情。但也因为年轻，我能有机会以亲历者的身份去见证先生所发现的生命本能系统论体系的建立和发展，有幸见证了先生作为奠基人的艰难，也有幸见证了以先生后人郭达成为代表引领下的体系的发展和传承队伍的壮大。

今年是先生辞世后的第十四个年头，此纪念册原为“大医传承”文化工程启动九周年纪念会上发行的内部印刷品，后在中国中医药出版社单宝枝教授的大力支持下，于今正式编辑出版。愿本能系统医学的每位学人以先生的精神激励自己，共同奋斗，早日实现先生的宏愿，它也是每位本能系统医学传人共同的心愿——“天下无医，生民无病”！期盼本能系统医学体系可以不断发展壮大、永远向前，为世界人民的健康做出它应有的贡献！

此册的完成离不开各位师友的鼎力相助，感谢郭达成院长和蒋晔老师的信任与鼓励，感谢俞梦孙院士与单宝枝教授的大力支持，感谢恩师的家人和书中各位师兄、作者的鼎力相助，感谢研究院王小萍总指导师和各位师兄的一起努力！在此一并表达深厚谢意，是他们的默默付出才使本册得以顺利完成！

弟子　韩晓红
2025 年 3 月 9 日于北京